5-Minuten-Geschichten

Copyright © Parragon Books Ltd

Alle Rechte vorbehalten. Die vollständige oder auszugsweise Speicherung, Vervielfältigung oder Übertragung dieses Werkes, ob elektronisch, mechanisch, durch Fotokopie oder Aufzeichnung, ist ohne vorherige Genehmigung des Rechteinhabers urheberrechtlich untersagt.

Copyright © für die deutsche Ausgabe
Parragon Books Ltd
Chartist House
15–17 Trim Street
Bath, BA1 1HA, UK
www.parragon.com

Layout und Zeichnungen: Claire Brisley und Kait Eaton/Duck Egg Blue
Lektorat: Laura Baker und Catherine Ard
Realisation: Charlotte McKillop

Realisation der deutschen Ausgabe:
trans texas publishing services GmbH, Köln
Übersetzung: Katrin Höller, Köln

ISBN 978-1-4723-5792-2

Printed in China

Inhalt

Aladin   6
Nacherzählt von Anne Rooney
Illustriert von Deborah Allwright

Die kleine rote Henne   12
Nacherzählt von Anne Rooney
Illustriert von Victoria Assanelli

Goldlöcken und die drei Bären   18
Nacherzählt von Anne Rooney
Illustriert von Gavin Scott

Der gestiefelte Kater   24
Nacherzählt von Etta Saunders
Illustriert von Maria Bogade

Rapunzel   30
Nacherzählt von Anne Rooney
Illustriert von Natalie Hinrichsen

Die drei kleinen Schweinchen   36
Nacherzählt von Anne Rooney
Illustriert von Mei Matsuoka

Pinocchio   42
Nacherzählt von Etta Saunders
Illustriert von Deborah Allwright

Der Löwe und die Maus   48
Nacherzählt von Claire Sipi
Illustriert von Sean Julian

Aschenputtel   54
Nacherzählt von Anne Rooney
Illustriert von Dubravka Kolanovic

Der Froschkönig   60
Nacherzählt von Etta Saunders
Illustriert von Maria Bogade

Hänsel und Gretel   66
Nacherzählt von Claire Sipi
Illustriert von Erica-Jane Waters

Die drei Ziegenböcke   72
Nacherzählt von Claire Sipi
Illustriert von Gavin Scott

Däumelinchen   78
Nacherzählt von Catherine Allison
Illustriert von Livia Coloji

Das hässliche Entlein   84
Nacherzählt von Etta Saunders
Illustriert von Polona Lovsin

Dornröschen   90
Nacherzählt von Claire Sipi
Illustriert von Rebecca Elliott

Wie der Leopard seine Flecken bekam   96
Nacherzählt von Catherine Allison
Illustriert von Victoria Assanelli

Der Lebkuchenmann 102
Nacherzählt von Claire Sipi
Illustriert von Gail Yerrill

Stadtmaus und Landmaus 108
Nacherzählt von Catherine Allison
Illustriert von Victoria Assanelli

Rumpelstilzchen 114
Nacherzählt von Claire Sipi
Illustriert von Erica-Jane Waters

Die goldene Gans 120
Nacherzählt von Anne Rooney
Illustriert von Maria Bogade

Die Wichtel 126
Nacherzählt von Etta Saunders
Illustriert von Gail Yerrill

Die Schildkröte und der Hase 132
Nacherzählt von Anne Rooney
Illustriert von Sean Julian

Die Prinzessin auf der Erbse 138
Nacherzählt von Claire Sipi
Illustriert von Dubravka Kolanovic

Himmel und Huhn 144
Nacherzählt von Etta Saunders
Illustriert von Nicola Evans

Der Hirtenjunge und der Wolf 150
Nacherzählt von Claire Sipi
Illustriert von Livia Coloji

Schneewittchen und die sieben Zwerge 156
Nacherzählt von Etta Saunders
Illustriert von Jacqueline East

Hans und die Bohnenranke 162
Nacherzählt von Catherine Allison
Illustriert von Gavin Scott

Des Kaisers neue Kleider 168
Nacherzählt von Claire Sipi
Illustriert von Deborah Allwright

Die kleine Meerjungfrau 174
Nacherzählt von Claire Sipi
Illustriert von Dubravka Kolanovic

Der Zauberlehrling 180
Nacherzählt von Claire Sipi
Illustriert von Livia Coloji

Rotkäppchen 186
Nacherzählt von Etta Saunders
Illustriert von Dubravka Kolanovic

Aladin

Es war einmal ein Junge namens Aladin. Er und seine Mutter waren so arm, dass sie kaum Geld für Essen hatten.

Eines Tages kam ein Mann in ihre Hütte, der sagte, er sei Aladins verschollener Onkel, und er könne Aladin helfen, reich zu werden. Aladin und seine Mutter freuten sich.

Aladin reiste mit dem Mann in die Wüste, bis sie zu einem Felsen kamen. Den schob der Mann beiseite, und dahinter kam eine verborgene Höhle zum Vorschein.

„Klettere in diese Höhle hinab und hole mir die Lampe,

die dort liegt", sagte er. "Berühre nichts außer der Lampe, und trage zu deinem Schutz diesen Zauberring."

Aladin hatte Angst, aber er wollte dem Onkel nicht widersprechen. Er streifte den Ring über und kletterte in die Höhle. Dort bekam er große Augen: Gold und Juwelen häuften sich bis unter die Decke. Schon ein einziger Rubin hätte Aladin und seine Mutter reich gemacht. Aber er tat wie versprochen und fasste nichts an. Schließlich fand er eine unscheinbare Messinglampe.

"Soll das etwa die Lampe sein?", dachte Aladin, aber er nahm sie mit. Am Höhleneingang merkte er, dass er mit der Lampe in der Hand nicht herausklettern konnte.

"Gib sie mir", sagte der Onkel, "dann helfe ich dir heraus."

"Hilf mir zuerst, Onkel", antwortete Aladin, "dann gebe ich dir die Lampe."

"Nein!", rief der Mann. "Gib mir erst die Lampe!"

Als Aladin sich weigerte, wurde der Mann wütend. Er rollte den Felsen wieder vor den Höhleneingang, und Aladin saß im Dunkeln fest.

"Onkel!", rief Aladin. "Lass mich raus!"

"Ha!", schrie der Mann zurück. "Ich bin nicht dein Onkel, du Narr! Ich bin ein Zauberer!

Wenn du mir die Lampe nicht gibst, wirst du da unten bleiben und sterben!"

Aladin rang verzweifelt die Hände. Dabei rieb er den Zauberring, den ihm der Zauberer zum Schutz gegeben hatte. Plötzlich sprang da ein Geist heraus!

„Ich bin der Geist des Ringes. Was wünscht Ihr, oh Meister?" Der Geist verbeugte sich.

Aladin war erstaunt, doch rasch fiel ihm etwas ein.

„Bitte bring mich heim zu Mutter", sagte er. Und sogleich war er vor ihrem Haus. Er erzählte ihr alles, und sie umarmte ihn erleichtert.

„Ach, Aladin", rief sie, „trotzdem sind wir immer noch arm!"

Am nächten Tag schaute sich Aladin die Lampe an, die er aus der Höhle mitgenommen hatte. „Sie sieht nach gar nichts aus", dachte er und fing an, sie zu polieren, denn er hoffte, er könnte sie verkaufen, um Geld für Essen zu bekommen. Als er die Lampe rieb, erschien ein weiterer Geist.

„Ich bin der Geist der Lampe. Was wünscht Ihr, oh Herr?", fragte der Geist.

Aladin

Dieses Mal wusste Aladin, was zu tun war. Er bat den Geist um Essen und Geld, damit er und seine Mutter gut leben konnten.

So verging eine gute Zeit, bis Aladin eines Tages die schöne Tochter des Königs sah. Er verliebte sich in sie und merkte, dass er ohne sie nicht leben konnte. Doch wie konnte er eine Prinzessin heiraten?

Aladin zerbrach sich den Kopf, und schließlich hatte er eine Idee: Er bat den Geist um prächtige Geschenke für die Prinzessin.

Als die Prinzessin sich bei Aladin für die Geschenke bedankte, verliebte sie sich in ihn. Sie heirateten, und Aladin bat den Geist, ihnen ein schönes Schloss zu bauen.

Als er hörte, dass ein wohlhabender Fremder die Prinzessin geheiratet hatte, ahnte der Zauberer, dass Aladin mit der Lampe aus der Höhle entkommen war.

Aladin

Eines Tages, als Aladin nicht da war, verkleidete sich der Zauberer als armer Händler. Vor dem Schloss rief er: „Neue Lampen im Tausch gegen alte!"

Aladins Frau fiel die hässliche Messinglampe ihres Mannes ein und sie brachte sie dem Mann. Der Zauberer riss sie ihr aus der Hand, rieb die Lampe und befahl dem Lampengeist, das Schloss und die Prinzessin weit fort zu bringen – in sein eigenes Haus in einem anderen Land.

„Wo ist meine Frau?", rief Aladin, als er heimkam. Verzweifelt rang er die Hände. Dabei rieb er den Ring, und der erste Geist erschien.

„Was wünscht Ihr, Meister?", fragte der Geist des Ringes.

„Bitte bring mir meine Frau und mein Schloss zurück!", bat Aladin. Aber der Geist des Ringes war schwächer als der Geist der Lampe.

„Dann bring mich zu ihr, damit ich sie zurückgewinnen kann!", sagte Aladin.

Sogleich befand er sich in einer fremden Stadt, aber da war sein eigenes Schloss. Durch ein Fenster sah er seine Frau weinen und den Zauberer schlafen. Wütend stieg er durchs Fenster ins Schloss und schlich zum Schlafzimmer. Vorsichtig zog er die Zauberlampe unter dem Kissen des Zauberers hervor und rieb sie.

„Was wünscht Ihr, Meister?", fragte der Geist.

„Bring uns sogleich nach Hause", sagte Aladin. „Und sperre diesen Zauberer für tausend Jahre in die Höhle – das wird ihm eine Lehre sein!"
Im selben Augenblick war das Schloss wieder dort, wo es hingehörte. Ohne den Zauberer waren Aladin und die Prinzessin sicher. Sie lebten noch lange glücklich miteinander und brauchten den Geist nie wieder zu rufen.

Ende

Die kleine rote Henne

Es war einmal eine kleine rote Henne, die lebte auf dem Bauernhof mit ihren Freunden: der schläfrigen Katze, dem faulen Schwein und der hochnäsigen Ente.

Eines Tages, als die kleine rote Henne im Hof scharrte, fand sie ein paar Weizenkörner. Sie wollte sie gerade aufpicken, da fiel ihr etwas ein.

„Wenn ich diese Weizenkörner säe, anstatt sie aufzufressen", sagte sie sich, „werden sie zu großen, starken Pflanzen mit noch mehr Weizenkörnern!" Also steckte sie die Körner in ihre Schürze und ging zu ihren Freunden.

„Wer hilft mir, diese Weizenkörner zu säen?", fragte sie.

Die Katze öffnete ein Auge.

„Ich nicht", sagte sie. „Ich bin zu müde."

„Ich auch nicht", grunzte das Schwein. „Es ist viel zu heiß zum Arbeiten."

„Ich auch nicht", quakte die Ente und stand dabei auf einem Bein.

Also suchte sich die

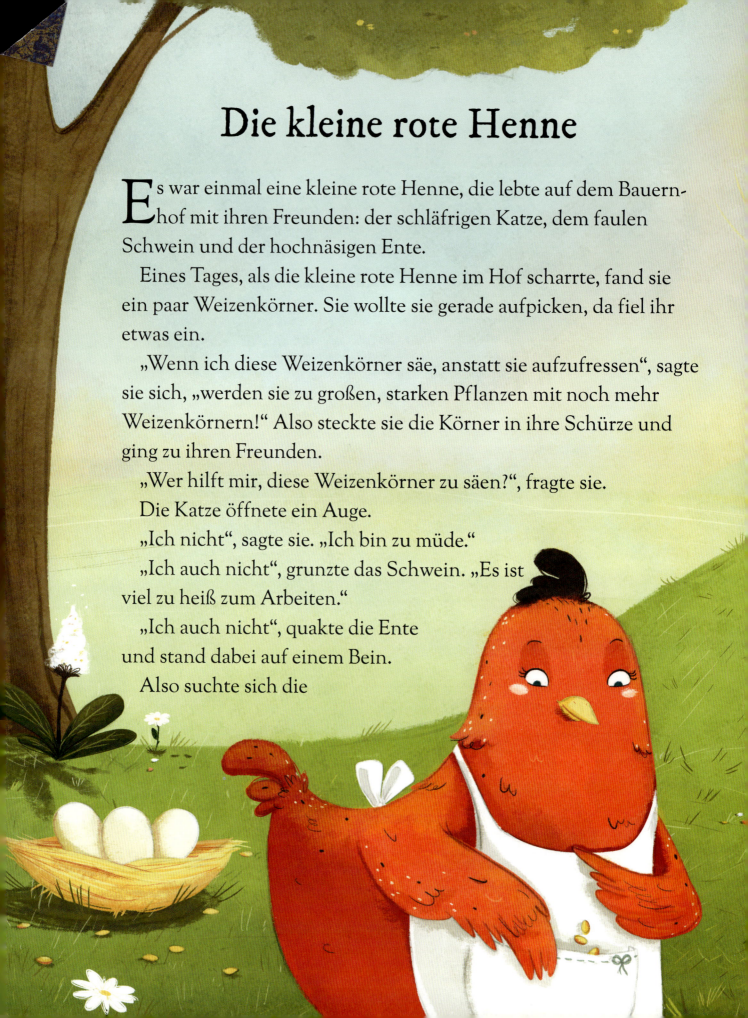

kleine rote Henne allein ein Stück Erde. Sie räumte die Steine weg und grub ihr Beet um. Sie machte kleine Löcher in den Boden und säte alle Weizenkörner. Dann begoss sie alles sorgfältig und wartete darauf, dass etwas wuchs.

Den ganzen Sommer schien die Sonne auf die Weizenkörner, und der Regen gab ihnen Wasser. Jeden Tag achtete die kleine Henne darauf, dass sie weder zu trocken noch zu feucht wurden. Sie jätete Unkraut und sorgte dafür, dass die Körner Platz zum Wachsen hatten. Zum Schluss stand der Weizen stark und hoch und trug dicke, goldene Ähren.

„Nun kann der Weizen geerntet werden", sagte die kleine rote Henne. „Das wird eine Menge Arbeit." Wieder ging sie zu ihren Freunden.

„Ich habe den ganzen Sommer gearbeitet, und nun ist der Weizen reif. Wer hilft mir, ihn zu ernten?", fragte sie. Faul streckte sich die Katze.

Die kleine rote Henne

„Ich nicht", sagte sie. „Es ist Zeit für mein Nickerchen."

„Ich auch nicht", grunzte das Schwein. „Ich muss mich im Schlamm wälzen."

„Ich auch nicht", quakte die Ente und putzte ihr Gefieder.
Also ging die kleine rote Ente allein zur Ernte. Sie schnitt die Weizenstängel und häufte sie ordentlich auf. Als sie fertig war, ging sie wieder zu ihren Freunden.

„Ich habe den ganzen Tag Weizen geschnitten", sagte sie.
„Wer hilft mir, ihn für die Mühle vorzubereiten?"
Die Katze gähnte.

„Ich nicht", sagte sie. „Ich bin schläfrig."

„Ich auch nicht", grunzte das Schwein. „Ich will in der Sonne liegen."

„Ich auch nicht", quakte die Ente und steckte den Kopf

unter den Flügel. Also ging die kleine rote Henne allein zurück zum Beet. Sie drosch den Weizen, damit sich die Körner von den Ähren lösten, und trug das Stroh davon. Der Wind wehte, und die kleine Henne schuftete hart und lange. Zum Schluss fegte sie den Weizen zusammen und füllte ihn in einen Sack. Den trug sie zurück zu ihren Freunden.

„Ich habe den ganzen Tag den Weizen vorbereitet", sagte sie.

„Wer hilft mir, ihn zur Mühle zu tragen?"

„Ich nicht", sagte die Katze. „Ich muss mich ausruhen."

„Ich auch nicht", grunzte das Schwein. „Das sieht viel zu schwer aus."

„Ich auch nicht", quakte die Ente und watschelte zum Teich. Also trug die kleine rote Henne den schweren Weizensack allein bis zur Mühle. Der nette Müller mahlte den Weizen zu Mehl.

Die kleine rote Henne

Den Mehlsack trug die kleine rote Henne wieder den ganzen Weg nach Hause. Die kleine rote Henne war erschöpft.

„Ich habe den Weizen zur Mühle getragen und zu Mehl mahlen lassen", sagte sie. „Wer hilft mir, daraus ein Brot zu backen?"

„Ich nicht", sagte die Katze und rollte sich zum Schlafen zusammen.

„Ich auch nicht", grunzte das Schwein. „Es ist fast Abendessenszeit."

„Ich auch nicht", quakte die Ente und setzte sich auf den Boden.

Also rührte die kleine rote Henne aus dem Mehl einen Teig und knetete ihn. Sie formte ihn zu einem Laib und schob ihn zum Backen in den Ofen. Nach einer Weile wehte ein köstlicher Duft aus ihrer Küche. Die schläfrige Katze öffnete die Augen. Das faule Schwein stellte sich neben den Ofen. Die hochnäsige Ente watschelte herein.

Schließlich war das Brot fertig. Die kleine rote Henne trug es zum Tisch. Es hatte außen eine schöne goldbraune Kruste und war innen weich und weiß. Es duftete wundervoll.

„Wer hilft mir, diesen Brotlaib zu essen?", fragte die kleine rote Henne leise.

„Ich!", sagte die schläfrige Katze und leckte sich die Pfoten.

„Ich!", grunzte das faule Schwein und leckte sich die Lippen.

„Ich!", quakte die hochnäsige Ente und schlug mit den Flügeln.

„Nein, das werdet ihr nicht!", sagte die kleine rote Henne. „Ich habe die Körner gesät und sie wachsen sehen. Ich habe den Weizen geerntet und zur Mühle gebracht. Ich habe das Mehl zurückgetragen und das Brot gebacken. Den Laib werden meine Küken und ich essen!"

Und das taten sie. Die kleine rote Henne und ihre Küken aßen das ganze warme, frische Brot bis zum letzten Krümel auf.

Ende

Goldlöckchen und die drei Bären

Es war einmal ein kleines Mädchen namens Goldlöckchen, das hatte wunderschönes goldenes Haar. Sie lebte in einem hübschen Haus gleich am Waldesrand. Jeden Morgen vor dem Frühstück spielte sie draußen, pflückte Blumen und beobachtete die Tiere.

Eines Tages ging sie weiter fort als sonst. Fröhlich hüpfte sie den Waldweg entlang und jagte Schmetterlinge, bis sie weit von daheim entfernt und sehr hungrig war.

Als sie gerade überlegte, wie lange es wohl dauern würde, zum Frühstück nach Hause zu kommen, wehte ein köstlicher Duft durch den Wald. Dem folgte sie bis zu einem kleinen Haus.

„Wer wohl hier wohnt?", fragte Goldlöckchen sich. „Vielleicht

Goldlöckchen und die drei Bären

teilen sie ja ihr Frühstück mit mir!" Sie klopfte an die Tür, aber niemand öffnete.

Als Goldlöckchen sacht gegen die Tür drückte, schwang sie auf. Drinnen war das Haus gemütlich und einladend. Goldlöckchen trat ein – obwohl sie wusste, dass sie das nicht tun sollte.

Der leckere Duft kam von drei Schälchen mit dampfendem Haferbrei, die auf dem Tisch standen – ein großes, ein mittleres und ein winzig kleines. Goldlöckchen war so hungrig, dass sie den Haferbrei in dem großen Schälchen probierte – obwohl sie wusste, dass das falsch war.

„Au!", rief sie. „Der Brei ist zu heiß!"

Danach probierte sie den Brei im mittleren Schälchen. „Igitt!", sagte sie. „Dieser Brei ist viel zu kalt!"

Also probierte sie auch noch den Brei im winzigen Schälchen. „Hmm!", sagte Goldlöckchen. „Dieser Brei ist genau richtig!" Und sie aß ihn ganz auf.

Als ihr Magen angenehm gefüllt war, beschloss Goldlöckchen, sich vor dem Heimweg noch etwas auszuruhen. Sie sah sich nach einem Stuhl um. Es gab drei: einen großen, einen mittleren und einen winzig kleinen.

Sie kletterte auf den großen Stuhl.

„Dieser Stuhl ist viel zu hoch!", sagte sie.

Dann probierte sie den mittleren Stuhl, aber sie versank fast in den Kissen.

Goldlöckchen und die drei Bären

"Nein", sagte sie, "dieser Stuhl ist viel zu weich."
Also setzte sie sich auf den winzig kleinen Stuhl.
"Dieser Stuhl ist genau richtig!", sagte sie und blieb sitzen. Doch Goldlöckchen war voll mit Haferbrei und zu schwer für den winzig kleinen Stuhl. Der quietschte und ächzte und wackelte und knackte. Dann ... Krach!

Er zerbrach in winzig kleine Stücke, und Goldlöckchen fiel zu Boden.
"Na, das war kein guter Stuhl!", sagte sie ärgerlich. Dann ging sie nach oben – obwohl sie wusste, dass sie das nicht tun sollte.

Goldlöckchen und die drei Bären

Im Schlafzimmer standen drei Betten – ein großes, ein mittleres und ein winzig kleines.

Sie legte sich in das große Bett, aber das war gar nicht bequem.

„Dieses Bett ist zu hart", brummte sie. Dann legte sich Goldlöckchen auf das mittlere Bett, aber das war auch nicht besser.

„Dieses Bett ist viel zu weich", murmelte sie. Und so kuschelte sie sich schließlich in das winzig kleine Bett.

„Dieses Bett ist genau richtig!", sagte sie und schlief ein.

Bei einem Haus mit Haferbrei und Stühlen und Betten gibt es normalerweise jemanden, der darin wohnt. So war es auch bei diesem Haus: Darin wohnten drei braune Bären, der große Papa Bär, die mittelgroße Mama Bär und der winzig kleine Baby-Bär.

Die drei Bären hatten ihren Haferbrei gekocht und waren kurz in den Wald gegangen, während er abkühlte. Und nun kamen sie zum Frühstück nach Hause.

„Warum ist die Tür offen?", fragte Papa Bär mit seiner tiefen, rauen Stimme.

„Warum sind da Fußabdrücke auf dem Boden?", fragte Mama Bär mit ihrer weichen, sanften Stimme.

Baby-Bär sagte gar nichts.

Goldlöckchen und die drei Bären

Sie gingen zum Tisch, und Papa Bär schaute in sein Schälchen.

„Jemand hat von meinem Haferbrei gegessen!", knurrte er.

Mama Bär schaute in ihr Schälchen.

„Jemand hat von meinem Haferbrei gegessen!", rief sie.

Baby-Bär schaute in sein Schälchen.

„Jemand hat von meinem Haferbrei gegessen – und alles aufgegessen!", rief er mit seiner winzig kleinen Stimme.

Papa Bär stampfte zu seinem Stuhl.

„Jemand hat auf meinem Stuhl gesessen!", knurrte er. „Dort liegt ein langes Haar!"

„Jemand hat auf meinem Stuhl gesessen!", rief Mama Bär. „Die Kissen sind alle zerdrückt!"

Baby-Bär schaute seinen Stuhl an.

„Jemand hat auf meinem Stuhl gesessen", rief er, „und hat ihn zerbrochen!"

„Finden wir heraus, wer es war", knurrte Papa Bär, und sie tappten nach oben ins Schlafzimmer.

Papa Bär sah die zerwühlte Decke auf seinem Bett.

„Jemand hat in meinem Bett geschlafen!", knurrte er.

Mama Bär sah die zerknautschten Kissen auf ihrem Bett.

Goldlöckchen und die drei Bären

„Jemand hat in meinem Bett geschlafen!", sagte sie.

Baby-Bär tappte hinüber zu seinem Bett.

„Jemand hat in meinem Bett geschlafen – und liegt immer noch drin!", rief er.

Die drei Bären umringten das schlafende Mädchen. Baby-Bär streckte seine Pfote aus und berührte ihre goldenen Locken.

Goldlöckchen öffnete die Augen. Stellt Euch ihre Verwunderung vor, als drei Bären auf sie herabschauen! Sie sprang aus dem Bett, rannte die Treppe hinunter, durch die Tür, den Pfad entlang und den ganzen Weg nach Hause. Und sie ging niemals wieder zu dem Haus der drei Bären.

Ende

Der gestiefelte Kater

Es war einmal ein alter Müller, der hatte drei Söhne. Als der Müller starb, hinterließ er die Mühle dem ältesten Sohn. Der mittlere Sohn bekam die Esel. Der jüngste Sohn, ein freundlicher Junge, der stets alles für Vater und Brüder getan hatte, bekam nur den Kater seines Vaters.

„Was soll nur aus mir werden?", seufzte der junge Müllerssohn und schaute seinen Kater an.

Da sprach der Kater: „Kauf mir ein schönes Paar Stiefel, und ich werde dir helfen, ein Vermögen zu machen, denn dein Vater fand, dass du es verdienst."

Ein sprechender Kater! Der Müllerssohn traute seinen Ohren nicht.

Also kaufte er dem Kater ein schönes Paar Stiefel, und die beiden zogen los, ihr Glück zu suchen.

Nach einer Weile kamen sie zu einem großen Schloss.

„Wäre es nicht wunderbar, so großzügig zu wohnen?", fragte der Müllerssohn.

Später, als der Müllerssohn schlief, ging der Kater auf Jagd und fing ein Kaninchen. Das steckte er in einen Sack und ging damit zum Schloss.

„Ein Geschenk für den König von meinem Herrn, dem Grafen von Carabas", sagte der Kater und gab dem König den Sack.

Der gestiefelte Kater

Der Kater ging zurück zum Müllerssohn und erzählte ihm, was er getan hatte.

„Nun wird der König wissen wollen, wer der Graf von Carabas ist", lachte der Kater.

Ein schlauer Kater! Der Müllerssohn traute wieder seinen Ohren nicht.

Jeden Tag, eine Woche lang, brachte der Kater dem König ein Geschenk. Jedes Mal sagte er, es sei vom Grafen von Carabas. Nach einer Weile wurde der König sehr neugierig und beschloss, seine Tochter solle diesen geheimnisvollen Edelmann treffen, wer immer er auch sei.

Der gestiefelte Kater

Als der Kater hörte, dass der König und seine Tochter auf dem Weg zu ihnen waren, handelte er schnell.

„Zieh all deine Kleider aus und geh in den Fluss!", sagte der Kater zu seinem Herrn.

Der verwunderte Müllerssohn tat wie ihm geheißen, und der Kater verbarg die geflickten Kleider seines Herrn hinter einem Felsen.

Als der Kater die königliche Kutsche herannahen hörte, sprang er auf die Straße und bat um Hilfe.

„Eure gnädige Majestät", sagte der Kater, „meinem Herrn wurden beim Baden im Fluss all seine Kleider gestohlen!"

Der König gab dem Müllerssohn feine Kleider zum Anziehen.

Der gestiefelte Kater

"Bitte kommt zu uns in die Kutsche", sagte der König.

Und so öffnete der Kater die Tür, und der Müllerssohn stieg ein. In seinem neuen Anzug sah er sehr fesch aus. Die Tochter des Königs verliebte sich sofort in ihn.

Der Kater eilte voraus. Allen Leuten, die er auf den Feldern arbeiten sah, sagte er, "Wenn der König anhält und fragt, wem dieses Land gehört, so müsst ihr antworten, es gehört dem Grafen von Carabas."

Hinter den Feldern lag ein großes Schloss. Der Kater sprach mit den Leuten auf dem benachbarten Feld und fand heraus, dass es einem grimmigen Zauberer gehörte. Der Kater stellte sich in seinen Stiefeln tapfer vor die Tür und klopfte an.

"Wer wagt es, mich zu stören?", brüllte eine Stimme von drinnen.

Der gestiefelte Kater

„Ich hörte, Ihr seid ein schlauer Zauberer", rief der Kater. „Ich bin gekommen, um mir Eure Tricks anzuschauen."

Der Zauberer öffnete die Tür und verwandelte sich sogleich in einen fauchenden Löwen. Der Kater fürchtete sich, ließ sich aber nichts anmerken.

„Das ist ein sehr guter Trick", sagte der Kater, „aber ein Löwe ist ein sehr großes Tier. Es wäre doch ein viel besserer Trick, sich in etwas sehr Kleines zu verwandeln, wie eine Maus."

Der Zauberer gab gern mit seinen Tricks an. Sofort verwandelte er sich in eine Maus. Der Kater stürzte sich auf die Maus und fraß sie.

Dann ging der Kater ins Schloss und sagte allen Dienern, dass ihr neuer Herr der Graf von Carabas sei. Sie waren froh, den bösen Zauberer los zu sein, und so beschwerten sie sich nicht.

„Der König kommt, und ihr müsst ein großes Fest vorbereiten, um ihn willkommen zu heißen", sagte der Kater.
Als die königliche Kutsche am Schloss ankam, wartete der Kater schon.

Der gestiefelte Kater

„Eure gnädige Majestät", schnurrte er, „willkommen im Hause meines Herrn, des Grafen von Carabas!"

Der Müllerssohn traute seinen Augen nicht.

„Du musst um die Hand der Prinzessin anhalten!", flüsterte der listige Kater seinem Herrn zu.

Der Müllerssohn tat wie ihm geheißen.

Der König, der von allem, was er sah, beeindruckt war, willigte ein.

Schon bald heirateten der Graf von Carabas und seine Frau, und sie lebten ein glückliches Leben. Der Kater wurde zum ersten Minister ernannt und bekam famose Kleider, die er stolz zu den schönen Stiefeln trug, die der Müllerssohn ihm einst gekauft hatte.

Ende

Rapunzel

Es lebte einmal ein junges Paar in einem Häuschen an einer steinernen Mauer. Sie waren sehr arm, aber sehr glücklich, denn die Frau erwartete ein Kind. Auf der anderen Seite der Mauer lebte eine alte Hexe. In ihrem Garten wuchsen viele Kräuter und Gemüse, aber die Hexe gab nichts davon ab.

Eines Tages hatte das Paar zum Abendessen nur noch ein paar Kartoffeln. Da dachten sie an das große Gemüsebeet auf der anderen Seite der Mauer. Es war voll mit köstlich aussehenden Möhren, Kohlköpfen und Tomaten.

„Es macht sicher nichts, wenn wir bloß ein bisschen davon nehmen", sagte die Frau und schaute sehnsüchtig über die Mauer.

„Damit könnten wir eine gute Suppe machen", stimmte ihr Mann zu.

Also kletterte der junge Mann rasch über die Mauer und begann, seinen Korb mit Gemüse zu füllen.

Plötzlich hörte er eine wütende Stimme.

„Wer hat dir erlaubt, mein Gemüse zu stehlen?" Es war die Hexe.

Rapunzel

„Bitte tun Sie mir nichts!", flehte der junge Mann. „Meine Frau erwartet ein Kind!"

„Du kannst das Gemüse behalten – und dein Leben!", krächzte sie. „Aber du musst mir das Kind geben, wenn es geboren ist."

Voller Angst willigte der Mann ein.

Ein paar Monate später gebar die Frau ein kleines Mädchen. Sogleich kam die Hexe und nahm das Kind. Die Eltern flehten und weinten, aber die böse Hexe nahm das Mädchen mit. Sie nannte es Rapunzel.

Jahre vergingen, und Rapunzel wurde ein freundliches, schönes Mädchen. Die Hexe fürchtete so sehr, sie zu verlieren, dass sie einen hohen Turm ohne Tür und mit nur einem Fenster baute. Rundherum pflanzte sie Dornenbüsche, dann sperrte sie Rapunzel ganz allein in den Turm.

31

Rapunzel

Jeden Tag bürstete und kämmte Rapunzel ihre langen, goldenen Locken. Und jeden Tag kam die Hexe zu Besuch. Unten am Turm rief sie dann: „Rapunzel, Rapunzel, lass dein Haar herunter!"

Rapunzel ließ ihr Haar durchs Fenster herab, und die Hexe kletterte daran hinauf, um mit ihr zu plaudern. Doch Rapunzel war sehr einsam. Sie sehnte sich danach, den Turm zu verlassen und Freunde in ihrem Alter zu haben. Jeden Tag saß sie am Fenster und sang traurige Lieder.

Eines Tages ritt ein junger Prinz vorbei und hörte den lieblichen Gesang, der aus dem Garten der Hexe zu kommen schien. Er versteckte sich hinter einem Dornenbusch und hoffte, die Sängerin zu erblicken. Doch er sah nur die Hexe. Er beobachtete, wie sie vor dem Turm stand und rief: „Rapunzel, Rapunzel, lass dein Haar herunter!"

Der Prinz sah das lange goldene Haars aus dem Fenster fallen, und wie die Hexe daran hochkletterte. Er wartete, bis die Hexe wieder herabstieg und zu ihrem Haus zurückkehrte. Rapunzel begann wieder zu singen.

Rapunzel

Von Rapunzels lieblicher Stimme verzaubert stieg der Prinz über die Mauer und schlich zum Turm.

„Rapunzel, Rapunzel, lass dein Haar herunter", rief er leise.

Rapunzel ließ ihre Locken herab, und der Prinz kletterte daran hoch.

Die arme Rapunzel war verängstigt – sie hatte außer der Hexe noch nie einen Menschen gesehen. Doch als der Prinz erklärte, er wolle ihr Freund sein, war Rapunzel entzückt. Von da an besuchte er sie jeden Tag. Immer wartete er, bis die Hexe fort war, bevor er Rapunzel bat, ihr Haar herunterzulassen. Monate vergingen, und Rapunzel und der Prinz verliebten sich ineinander.

„Wie können wir zusammen sein?", rief Rapunzel. „Die Hexe wird mich nie gehen lassen!"

Der Prinz hatte eine Idee. Er brachte Rapunzel Seide, aus der sie eine Leiter knotete, um aus dem Turm zu entkommen.

Rapunzel

Eines Tages sagte Rapunzel aus Versehen zur Hexe: „Sie sind viel schwerer heraufzuziehen als der Prinz!"

Da wurde die Hexe zornig!

„Prinz?", schrie sie. „Was für ein Prinz?"

Da packte die Hexe Rapunzels langes Haar und schnitt es ab. Dann hexte sie Rapunzel weit weg in den Wald. Dort lebte Rapunzel fortan mit den Waldtieren und sang traurige Lieder, während sie Beeren zum Essen sammelte.

Bald darauf kam der Prinz zum Turm und rief „Rapunzel, Rapunzel, lass dein Haar herunter!"

Die Hexe hängte das goldene Haar aus dem Fenster, und der Prinz kletterte daran empor in den Turm hinein.

Doch statt Rapunzel erblickte er die hässliche alte Hexe.

„Du!", schrie die Hexe, „hast es gewagt, Rapunzel zu besuchen? Du wirst sie nie wiedersehen!" Und sie stieß den Prinzen aus dem Fenster. Er fiel und fiel und landete in einem Dornbusch. Die scharfen Dornen zerstachen seine Augen, und er erblindete. Weinend taumelte er davon.

Nachdem der Prinz drei Monaten umhergeirrt war, hörte er, wie ein schöner, trauriger Gesang durch den Wald klang. Sofort erkannte er Rapunzels Stimme und rief nach ihr. Rapunzel lief zum Prinzen und nahm ihn in ihre Arme.

„Endlich habe ich dich gefunden!", sagte sie und weinte vor Glück. Als ihre

Tränen seine blinden Augen benetzten, heilten die Wunden, und der Prinz konnte wieder sehen.

„Meine Liebste!", sagte er und küsste Rapunzel.

Rapunzel war noch nie so glücklich gewesen. Sie und der Prinz heirateten schon bald, und Rapunzels Eltern kamen zur Hochzeit. Rapunzel und der Prinz lebten glücklich in einem großen Schloss, weit weg von der alten Hexe und ihrem leeren Turm.

Ende

Die drei kleinen Schweinchen

Es waren einmal drei kleine Schweinchen, die lebten zusammen mit ihrer Mutter. Als sie größer wurden, wurde es zu eng in dem kleinen Haus. Da sandte die Mutter sie schließlich hinaus in die Welt, um ihr Glück zu suchen.

„Seid vorsichtig!", sagte sie. „Hier seid ihr sicher vor dem großen, bösen Wolf. Aber da draußen müsst ihr euch feste Häuser bauen!"

Fröhlich zogen die Schweinchen los. Nach kurzer Zeit traf das erste Schweinchen einen Bauern, der einen Karren Stroh zog.

„Kann ich bitte etwas Stroh haben, um daraus ein Haus zu bauen?", fragte das kleine Schweinchen.

„Gern!", sagte der Bauer, „aber das wird kein sehr festes Haus!"

Das kleine Schweinchen hörte nicht. Es nahm die Strohbündel und stapelte sie zu einem Haus auf. Als es fertig war, ging es hinein und ruhte sich aus.

Bald kam der große böse Wolf die Straße entlang. Er hatte den ganzen Tag nichts gefressen. Als er das neue Strohhaus sah, knurrte sein Magen, und er leckte sich die Lippen.

„Ich rieche Schweinchen!", sagte er zu sich. „Lecker!"

Er spähte durchs Fenster.

„Kleines Schwein, lass mich herein!", knurrte er.

„Oh nein!", rief das Schweinchen. „Bin ganz allein, lass dich nicht herein!"

„Tja, dieses Haus sieht nicht sehr stabil aus", sagte der Wolf.

„Ich werde husten und prusten und dein Haus zusammenpusten!"

So hustete und prustete er und blies das Haus kaputt. Stroh flog überallhin, und das Schweinchen rannte davon, so schnell es konnte.

Die drei kleinen Schweinchen

Das zweite kleine Schweinchen war weitergelaufen. Es traf einen Holzfäller mit einem Stapel Bretter.

„Kann ich bitte ein paar Bretter haben, um daraus ein Haus zu bauen?", fragte das zweite kleine Schweinchen.

„Gern!", sagte der Holzfäller. „Nimm so viele du willst, aber daraus kannst du kein sehr festes Haus bauen."

Das zweite Schweinchen hörte nicht. Es nahm alle Bretter, die es tragen konnte, und trug sie zu einer Lichtung. Dort baute es ein gemütliches Haus. Als es fertig war, ging es hinein und trank eine Tasse Kaffee.

Der große, böse Wolf war zornig und hungrig. Als er das Holzhaus sah, knurrte sein Magen, und er leckte sich die Lippen.

„Ich rieche Schweinchen!", sagte er zu sich. „Lecker, lecker!"

Er drückte seine Nase gegen die Tür.

„Kleines Schwein, lass mich herein!", knurrte er.

„Oh nein!", rief das zweite Schweinchen. „Bin ganz allein, lass dich nicht herein!"

„Tja, dieses Haus sieht nicht sehr stabil aus", sagte der Wolf.

„Ich werde husten und prusten und dein Haus zusammenpusten!"

So hustete und prustete er und blies das Haus kaputt. Die Bretter fielen zu Boden, und das kleine Schweinchen rannte davon, so schnell es konnte.

Das dritte kleine Schweinchen lief noch weiter, bis es einen Bauarbeiter mit einem Haufen Ziegelsteine sah. Er war gerade mit der Arbeit fertig.

„Kann ich bitte ein paar Ziegelsteine haben, um daraus ein Haus zu bauen?", fragte das dritte kleine Schweinchen.

„Gern!", sagte der Bauarbeiter. „Diese sind übrig. Nimm so viele du willst!"

Die drei kleinen Schweinchen

Und so trug das dritte kleine Schweinchen die Steine fort und baute ein schönes Haus. Als es fertig war, ging es hinein, stellte einen Topf Wasser aufs Feuer und begann, eine Suppe zu kochen.

Nach einer Weile kamen seine zwei Brüder zum Haus gerannt.

„Lass uns herein!", riefen sie. „Da kommt der große, böse Wolf!" Das dritte kleine Schweinchen ließ sie rasch herein. Sie verriegelten die Tür und warteten.

Und da hechelte auch schon der Wolf den Pfad entlang. Als er das neue Ziegelhaus sah, knurrte sein Magen, und er leckte sich die Lippen.

„Ich rieche Schweinchen – und Suppe!", sagte er zu sich. „Lecker, lecker, lecker!"

Er klopfte laut an die Tür.

„Kleines Schwein, lass mich herein!", knurrte er.

„Oh nein!", rief das dritte Schweinchen. „Bin ganz allein, ich lass dich nicht herein!"

„Tja, dann ...", sagte der Wolf.

„Ich werde husten und prusten und dein Haus zusammenpusten!"

Die drei kleinen Schweinchen

So hustete und prustete er – und hustete und prustete ... aber das Haus blieb stehen.
Der Wolf schaute hoch und sah den Schornstein. Er kletterte aufs Dach und rutschte den Schornstein hinab – direkt in den Topf mit der heißen Suppe!

„Ahhhhhhhhhhh!"

Er sprang aus dem Topf und rannte heulend und jaulend hinaus in die kühle Nacht. Der große, böse Wolf rannte den Pfad hinab, über die Berge ganz weit weg und ward nie mehr gesehen. Und die drei kleinen Schweinchen lebten glücklich und zufrieden in ihrem Ziegelhaus.

Ende

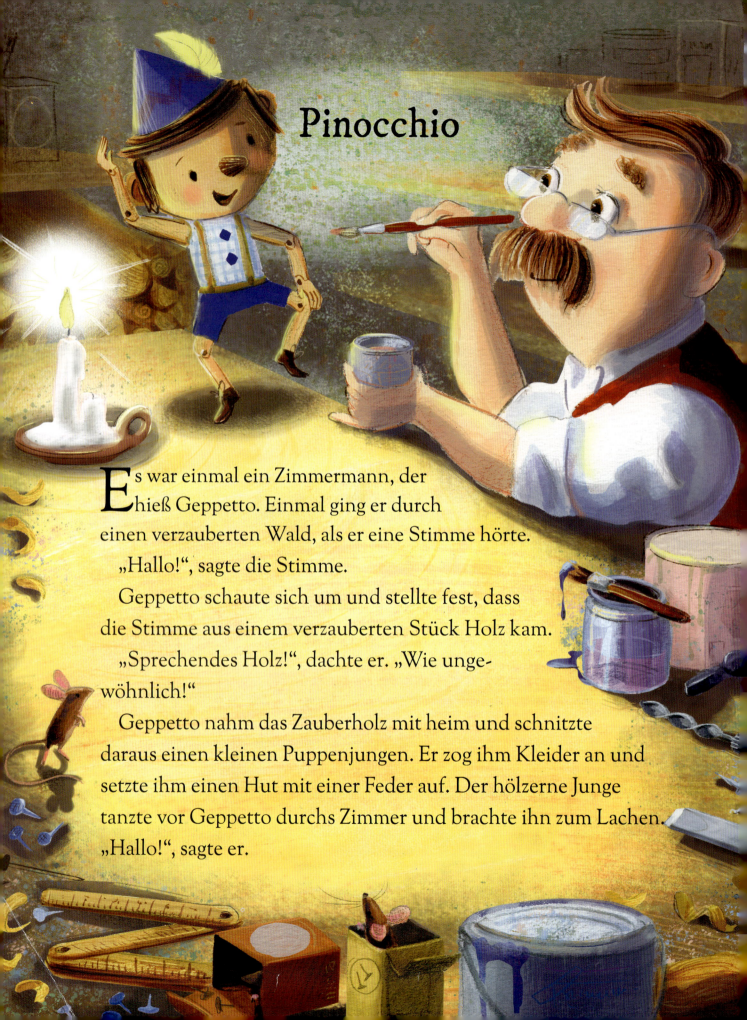

Pinocchio

Es war einmal ein Zimmermann, der hieß Geppetto. Einmal ging er durch einen verzauberten Wald, als er eine Stimme hörte.

„Hallo!", sagte die Stimme.

Geppetto schaute sich um und stellte fest, dass die Stimme aus einem verzauberten Stück Holz kam.

„Sprechendes Holz!", dachte er. „Wie ungewöhnlich!"

Geppetto nahm das Zauberholz mit heim und schnitzte daraus einen kleinen Puppenjungen. Er zog ihm Kleider an und setzte ihm einen Hut mit einer Feder auf. Der hölzerne Junge tanzte vor Geppetto durchs Zimmer und brachte ihn zum Lachen.

„Hallo!", sagte er.

Pinocchio

Geppetto gab dem Jungen den Namen Pinocchio.

„Du musst zur Schule gehen, wie die anderen Kinder!", sagte Geppetto zu ihm.

Und so stakste Pinocchio am nächsten Morgen auf seinen hölzernen Beinen zur Schule.

Als er so ging, hüpfte eine Grille auf seine Schulter.

„Du siehst aus, als könntest du einen Freund brauchen", sagte sie. „Ich werde dir helfen, Falsch und Richtig zu unterscheiden!"

Ein Stück die Straße hinunter traf Pinocchio einen Fuchs und einen Kater. Die hatten das Geld für das Mittagessen in seiner Tasche klimpern hören.

„Ach, geh doch nicht zur Schule!", sagte der Fuchs. „Spiel lieber mit uns!"

Pinocchio, der es nicht besser wusste, fand, das sei eine gute Idee.

„Ich glaube nicht, dass du das Richtige tust", sagte die Grille. „Du hast deinem Vater versprochen, zur Schule zu gehen."

Aber Pinocchio achtete nicht auf die Grille.

Der Kater und der Fuchs führten Pinocchio in einen dunklen Wald.

„Wenn du hier Geld vergräbst, wächst daraus ein Geldbaum", sagten sie zu ihm. „Komm morgen wieder, und du wirst sehen!"

„Das ist bestimmt nicht richtig", sagte die Grille. „Dieses Geld ist für dein Mittagessen."

Aber Pinocchio hörte nicht. Er grub ein Loch und warf die Münzen hinein.

Dann ging er heim. Er war sehr hungrig. Er verschwieg seinem Vater, dass er nicht in der Schule gewesen war.

Pinocchio

Auch am nächsten Morgen ging Pinocchio nicht zur Schule. Stattdessen hopste er mit der Grille auf der Schulter in den Wald, um seinen Geldbaum zu suchen.

Doch als Pinocchio zu der Stelle kam, wo er seine Münzen vergraben hatte, war da kein Geldbaum. Er grub nach den Münzen, aber sie waren weg.

„Der Fuchs und der Kater haben dich hereingelegt", sagte die Grille. „Sie wollten nur dein Geld!"

Pinocchio kam sich ziemlich töricht vor, aber er tat so, als sei es ihm egal. Er stampfte in den Wald hinein.

„Ich gehe auf ein Abenteuer", sagte er.

Die kleine Grille flehte ihn an, zu Geppetto zurückzukehren, aber Pinocchio ging weiter, bis es dunkel war und er sich ein bisschen fürchtete.

Pinocchio

Sie kamen an ein kleines Häuschen. Pinocchio lief zur Tür und klopfte laut. Eine hübsche Fee mit türkisfarbenem Haar öffnete.

„Wir haben uns verlaufen", sagte Pinocchio. „Kannst du uns bitte helfen?"

Die Fee bat sie herein und gab ihnen etwas zu essen.

„Warum seid ihr so weit weg von zu Hause?", fragte sie freundlich.

Pinocchio wollte ihr nicht sagen, dass er seinem Vater nicht gehorcht hatte.

„Ich wurde von einem Riesen verfolgt!", log er.

Plötzlich wurde Pinocchios Nase länger.

„Der Riese war größer als die Bäume ...", fuhr Pinocchio fort. Seine Nase wuchs noch etwas mehr.

„Und ich rannte in den Wald, um zu entkommen!", erklärte er. Und Pinocchios Nase wurde noch länger!

Verwundert fasste er sie an.

„Ich habe dich verhext", sagte die Fee. „Immer, wenn du lügst, wächst deine Nase."

Pinocchio begann zu weinen.

Pinocchio

Er wünschte, er wäre zur Schule gegangen, wie ihm sein Vater aufgetragen hatte!

„Ich werde keine Lügen mehr erzählen", versprach Pinocchio.

Die Fee rief ein paar freundliche Spechte herbei, die so lange an Pinocchios Nase pickten, bis sie wieder wie vorher aussah.

Am Morgen eilte Pinocchio zurück durch den Wald, die kleine Grille auf der Schulter.

„Von jetzt an werde ich alles tun, was Vater mir sagt", schwor er. Doch als er heimkam, war Geppetto nicht dort. Stattdessen lag eine Nachricht auf dem Küchentisch.

> Lieber Pinocchio, ich bin losgegangen, dich zu suchen. Ich vermisse dich, mein Sohn.
> Dein dich liebender Vater Geppetto

Pinocchio war sehr traurig. Er wusste, dass er viel Ärger gemacht hatte.

„Wir müssen meinen Vater finden und nach Hause bringen", schluchzte er. Und so brachen er und die Grille erneut auf.

Sie begannen mit der Suche unten am Fluss. Doch Pinocchio stand zu nah am Ufer und fiel mit einem Platsch hinein! Die Grille sprang hinterher, um zu helfen, aber sie wurden von einem sehr großen Fisch verschluckt.

Pinocchio

Und dort, im Bauch des Fisches, fanden sie Geppetto!

Pinocchio umarmte seinen Vater fest. „Ich will dich nie mehr verlassen!", sagte er.

Der schlaue Holzjunge nahm die Feder von seinem Hut und kitzelte damit den Fisch.

„Ha-a-a-tschi!" Der Fisch nieste gewaltig. Geppetto, Pinocchio und die Grille schossen aus dem Maul des Fisches heraus und landeten am Flussufer.

In dieser Nacht, als Pinocchio schlafend in seinem eigenen kleinen Bett lag, flog die Fee mit dem türkisfarbenen Haar durchs Fenster herein.

„Du bist ein guter, tapferer Junge", sagte sie und küsste ihn auf die Stirn.

Als Pinocchio am nächsten Morgen erwachte, stellte er fest, dass er nicht länger aus Holz war. Er war ein echter Junge! Von da an war er Geppetto stets ein lieber Sohn und gut mit der Grille befreundet, die ihm nie wieder den Unterschied zwischen Richtig und Falsch erklären musste.

Ende

Der Löwe und die Maus

Es war einmal ein riesiger Löwe, der lebte in einem dunklen, felsigen Bau mitten in der Savanne. Wenn er nicht gerade draußen jagte, rollte er sich gern zusammen und schlief. Wenn er nicht genug Schlaf bekam – das wussten seine Freunde –, wurde der Löwe sehr mürrisch.

Eines Tages, als der Löwe wie immer schlief, beschloss eine kleine Maus, eine Abkürzung quer durch den Löwenbau zu nehmen. Der Mäuserich lebte mit seiner Familie in einem Loch am Fuße eines hohen Baums gleich auf der anderen Seite des Löwenbaus. Er war auf dem Weg heim zum Abendessen und wollte nicht über die großen Felsen klettern, die um den Bau herumlagen.

„Was kann schon passieren?", dachte er. „Der schnarcht so laut, der kann mich niemals hören."

Als er an dem schnarchenden Raubtier vorbeieilte, lief er aus Versehen über dessen Pfote. Mit gewaltigem Gebrüll wachte der Löwe auf und packte die kleine Maus.

„Du wagst es, mich aufzuwecken?", brüllte der Löwe wütend. „Weißt du nicht, wer ich bin? Ich bin der König der Tiere! Niemand stört meinen Schlaf. Ich werde dich töten und zum Abendessen verspeisen." Und er riss sein großes Maul weit auf.

Der verängstigte kleine Mäuserich zitterte beim Anblick der scharfen, spitzen Löwenzähne und flehte den wütenden Löwen an, ihn gehen zu lassen.

„Bitte, Eure Majestät!", rief er. „Ich wollte Euch nicht aufwecken. Es war ein Unfall. Ich wollte bloß heim zu meiner Familie. Ich bin zu klein, um ein gutes Abendessen für jemand so Mächtigen wie Euch abzugeben. Lasst mich gehen, und ich verspreche, Euch eines Tages zu helfen."

Der grimmige Löwe starrte die kleine Maus an. Dann lachte er laut.

Der Löwe und die Maus

„Du mir helfen?", sagte er verächtlich und schüttelte seine zottelige Mähne. „Hahaha! Welch lächerlicher Gedanke! Du bist zu klein, um jemand Großem wie mir zu helfen."

Der Mäuserich zitterte und schloss die Augen. Er wartete darauf, dass die schrecklichen Zähne nun zuschnappen würden.

Aber zu seiner Überraschung fraß der Löwe ihn nicht. Stattdessen lächelte er und öffnete die Pfote.

„Geh nach Haus, kleine Maus", sagte der Löwe. „Du hast mich zum Lachen gebracht und mich in gute Stimmung versetzt, also lasse ich dich gehen. Aber beeil dich, bevor ich's mir anders überlege."

Der kleine Mäuserich war sehr dankbar. „Vielen Dank, Eure Majestät!", piepste er. „Ich verspreche, für immer Euer Freund zu sein, und ich werde Euch nicht wieder stören."

So schnell er konnte, huschte der Mäuserich nach Hause. Was für eine Geschichte konnte er nun seinen Kindern erzählen!

Einige Tage später jagte der Löwe draußen in der Savanne. Als er durch das dichte Unterholz schlich, witterte er etwas Köstliches. Dort, auf der kleinen Lichtung direkt vor ihm, stand eine Ziege, die im Schatten eines Baumes graste.

Der Löwe und die Maus

Der Löwe umkreiste die Lichtung und kroch langsam durch das hohe Gras. Er duckte sich, bereit, sich auf die nichtsahnende Ziege zu stürzen ... als plötzlich ein großes Netz über ihn fiel.

Er war in die Falle eines Jägers geraten!

Die Ziege blökte vor Angst und rannte fort. Der Löwe brüllte und versuchte, sich zu befreien. Aber je mehr er sich wand, desto mehr verfing er sich im Netz. Er war so zornig, dass er sein lautestes Gebrüll ausstieß.

AAAAGGRR!

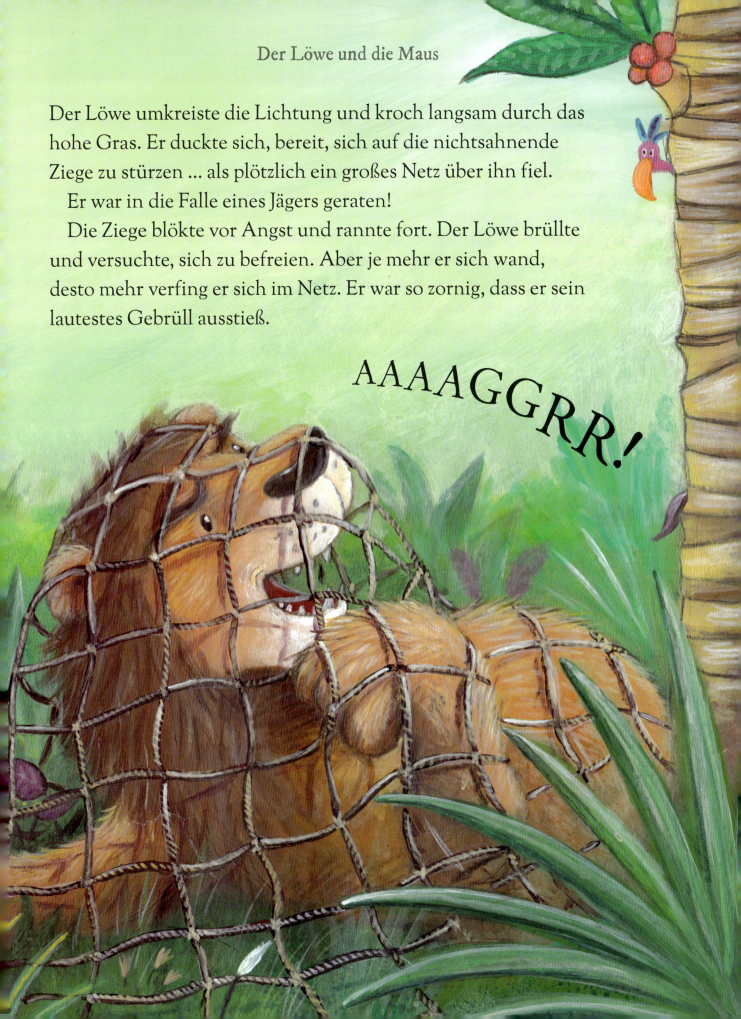

Der Löwe und die Maus

Der Boden erzitterte bei dem Lärm. Alle Tiere nah und fern hörten das Gebrüll, auch die kleine Maus.

„O nein!", quiekte der Mäuserich. „Das ist mein Freund, der Löwe. Er ist wohl in Schwierigkeiten! Ich muss ihm zu Hilfe eilen."

„Sei vorsichtig, Liebster!", rief die Frau des Mäuserichs. „Denk daran, wie groß er ist!"

Der Mäuserich huschte durch die Savanne auf das mächtige Löwengebrüll zu, so schnell ihn seine Beinchen trugen.

Bald kam er zu der Stelle, wo der Löwe in den Seilen des Netzes gefangen war.

„Haltet still, Eure Majestät!", rief die Maus. „Ich habe Euch im Nu befreit!"

„Du?", lachte der Löwe.

Die Maus hörte nicht auf ihn und begann, mit ihren kleinen scharfen Zähnen das Netz durchzunagen.

Schon bald hatte das Netz ein großes Loch. Der Löwe quetschte sich hindurch und war frei!

Der Löwe streckte dem Mäuserich seine große Pfote hin.

„Danke, mein kleiner Freund", sagte

Der Löwe und die Maus

er verschämt und senkte den großen Kopf. „Ich hatte unrecht, als ich dich ausgelacht und gesagt habe, jemand so Kleines könnte mir nicht helfen. Du hast mir heute das Leben gerettet, und ich bin dir sehr dankbar."

Der Mäuserich lächelte den Löwen an. „Ihr wart so nett, mich gehen zu lassen, und ich versprach, das eines Tages wiedergutzumachen", quiekte er. „Nun war es an mir, Euch zu helfen."

Seite an Seite gingen der Löwe und die Maus zurück in den Dschungel. Von diesem Tag an waren der riesige, mächtige Löwe und die kleine, starke Maus die besten Freunde.

Ende

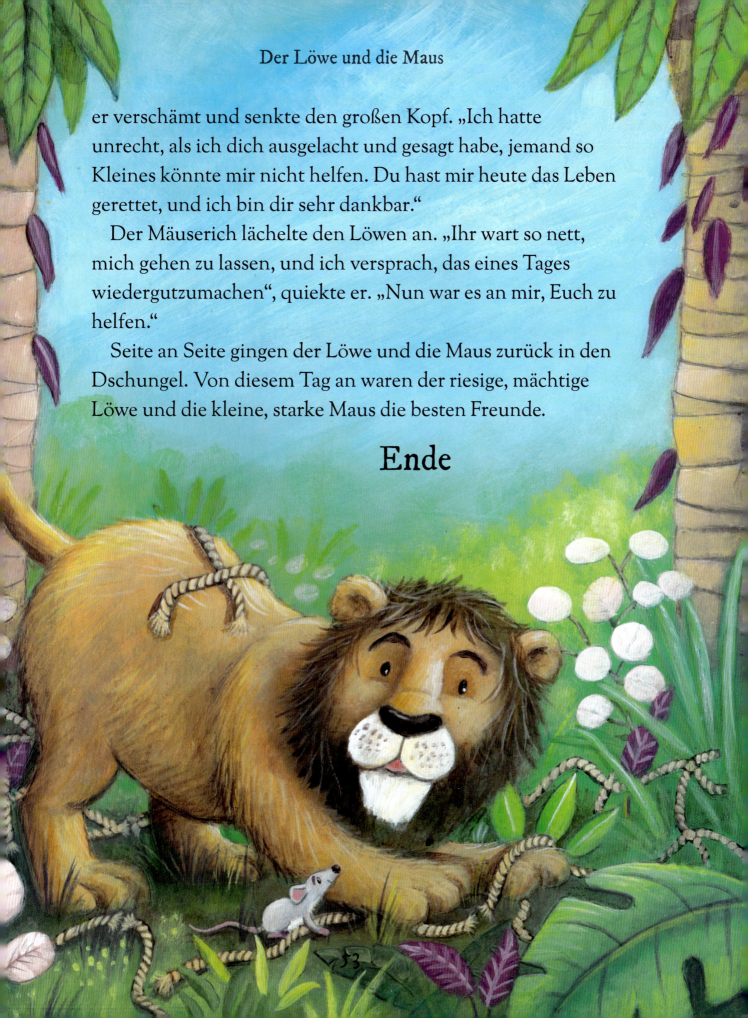

Aschenputtel

Es war einmal ein junges Mädchen, das lebte zusammen mit seinem verwitweten Vater. Der Vater heiratete wieder, und die neue Frau hatte selbst zwei Töchter. Alle drei waren gemein und boshaft zu dem Mädchen. Sie ließen es die ganze Hausarbeit erledigen, nichts als Reste essen und neben dem Kamin in der Asche schlafen. Deshalb nannten sie es „Aschenputtel".

Eines Tages kam ein Brief aus dem Schloss: Alle Frauen des Landes wurden zu einem großen Ball eingeladen – und dort würde der Prinz sich eine Braut aussuchen!

Aschenputtels Stiefschwestern waren sehr aufgeregt. Die Stiefmutter war sicher, dass eine ihrer Töchter den Prinzen heiraten würde. Sie ließ Aschenputtel Tag und Nacht schuften, um die beiden so hübsch wie möglich zu machen. Aschenputtel wusch ihr stumpfes Haar und drehte Locken hinein. Sie feilte ihnen die Nägel, nähte ihre Ballkleider und polierte ihre Tanzschuhe, bis sie glänzten.

Aschenputtel wollte gern selbst auf den Ball gehen, aber ihre Stiefschwestern lachten nur.

„Du? Auf einen Ball gehen?", sagte die ältere. „In deinen Lumpen!"

„Du? Auf einen Ball gehen?", lachte die jüngere. „Wie lächerlich! Du bist doch immer voller Ruß und Asche!"

Die Tränen rannen Aschenputtel übers Gesicht, als sie ihren Stiefschwestern beim Anlegen der Kleider und des

Aschenputtel

Schmucks half. Schließlich gingen sie zum Ball. Aschenputtel saß allein am Kamin und konnte nicht aufhören zu weinen.

„Wenn ich nur zu dem Ball gehen könnte", sagte sie unter Tränen, „und nur für eine Nacht glücklich sein. Ich wünschte so, ich könnte hingehen!"

Kaum hatte Aschenputtel das gesagt, erschien in der düsteren Küche ein Licht, und dort stand – eine Fee!

„Hab keine Angst, meine Liebe. Ich bin deine gute Fee", sagte die Fee, „und du sollst zum Ball gehen!"

Aschenputtel starrte die Fee erstaunt an. Rasch trocknete sie die Augen.

Aschenputtel

„Wirklich? Ich darf zum Ball gehen?", fragte sie und konnte es kaum glauben.

„Wenn du es so machst, wie ich sage, wird alles gut", antwortete die Fee.

„Ich bin es gewöhnt, zu gehorchen", schniefte Aschenputtel.

Die gute Fee trug ihr auf, einen Kürbis, vier weiße Mäuse und eine schwarze Ratte herbeizubringen. Aschenputtel eilte in den Garten und holte einen Kürbis. Die vier Mäuse fand sie in der Küche, und eine Ratte fing sie in der Scheune. Mit ihrem Zauberstab verwandelte die Fee den Kürbis in eine goldene Kutsche. Aschenputtel schnappte nach Luft.

„Sie ist wunderschön!", sagte sie. „Aber wer wird sie lenken?"

Die Fee hob wieder den Zauberstab, und aus den vier Mäusen wurden schöne weiße Pferde. Sie schwang den Stab ein drittes Mal, und die Ratte wurde zu einem Kutscher.

„Wie wundervoll!", rief Aschenputtel. „Aber ich kann nicht in diesen Kleidern zum Ball gehen!"

„Das sollst du auch nicht!", rief die gute Fee.

Sie hob den Zauberstab, und Aschenputtels Lumpen verwandelten sich in ein schönes Ballkleid. Funkelnde Glasschuhe erschienen an ihren Füßen. Aschenputtel sah bezaubernd aus!

„So, und nun fort mit dir!", sagte die Fee. „Aber denke daran: Der Zauber wird um Mitternacht verschwinden, sei also pünktlich zu Hause!"

Aschenputtel

Aschenputtel stieg in die Kutsche, und schon war sie am Schloss. Sie war glücklich wie noch nie!

Alle waren ganz verzaubert von der reizenden Fremden, besonders der Prinz, der den ganzen Abend nur mit ihr tanzte. Aschenputtel hatte so viel Spaß, dass sie die Warnung der Fee ganz vergessen hatte. Plötzlich begann die Uhr des Schlosses, Mitternacht zu schlagen.

Bong, bong, bong …

Aschenputtel hob ihr Kleid und lief hinaus. Der besorgte Prinz folgte ihr.

Bong, bong, bong …

Sie eilte die Schlosstreppe hinab. Dabei verlor sie einen ihrer Glasschuhe, aber sie wagte nicht, anzuhalten.

Bong, bong, bong …

Aschenputtel sprang in die Kutsche, und die fuhr davon, bevor der Prinz sie aufhalten konnte.

Bong, bong, bong …

Beim letzten Schlag der Uhr saß Aschenputtel plötzlich auf der Straße neben einem Kürbis. Vier weiße Mäuse und eine schwarze Ratte flitzten um sie herum. Sie trug Lumpen, und von dem verzauberten Abend war ihr nur ein Glasschuh geblieben.

„Auch wenn es nur ein Traum war …", sagte sie zu sich, „es war ein perfekter Traum!"

Im Schloss betrachtete der Prinz sehnsuchtsvoll den Glasschuh, den er auf der Treppe gefunden hatte. Er konnte das wunderbare Mädchen nicht vergessen, mit dem er die ganze Nacht getanzt hatte.

Aschenputtel

„Ich werde sie finden", sagte er sich. „Und ich werde sie heiraten!"

Also nahm er den gläsernen Schuh und machte sich auf, jedes Haus im Lande aufzusuchen. Schließlich kam er auch zu Aschenputtels Haus. Ihre beiden Stiefschwestern zwängten ihre großen Füße in den zierlichen Schuh, aber egal, wie sie es versuchten, der Schuh passte ihnen nicht. Aschenputtel sah zu, während sie den Boden schrubbte.

„Darf ich es bitte auch versuchen?", fragte sie.

„Du?", lachte die ältere Schwester. „Du bist doch noch nicht einmal auf dem Ball gewesen!"

„Jede darf es versuchen", sagte der Prinz.

Aschenputtel setzte sich. Ihr Fuß glitt ganz leicht in den gläsernen Schuh.

Der Prinz nahm Aschenputtel in die Arme. „Du bist es!", sagte er. „Willst du mich heiraten?"

Aschenputtel

Aschenputtels Stiefmutter und Stiefschwestern waren wütend.

„Sie kann es nicht sein!"

„Sie ist nur ein Dienstmädchen!"

„Sie trägt Lumpen!"

Doch in diesem Moment erschien die gute Fee und verwandelte Aschenputtels Lumpen wieder in das schöne Ballkleid. Aschenputtel nahm den anderen Schuh aus ihrer Tasche.

„Ja", sagte Aschenputtel. „Ich war es, und ja, ich will dich heiraten!"

Zum Ärger ihrer Stiefmutter und Stiefschwestern heiratete Aschenputtel den Prinzen schon am nächsten Tag und zog zu ihm ins Schloss. Das Paar verbrachte ein wunderschönes Leben miteinander. Aschenputtels Stiefmutter und ihre Töchter mussten nun selbst putzen, und nie mehr gingen sie zu einem Ball im Schloss.

Ende

Der Froschkönig

Es war einmal eine Prinzessin, die lächelte so hell wie die Sonne. Mit ihrem Vater lebte sie in einem Palast inmitten eines dichten Waldes.

Wenn es sehr heiß war, wandelte die Prinzessin im schattigen Wald und saß an einem Teich. Dort spielte sie mit ihrem Lieblingsspielzeug, einer goldenen Kugel, die sie von ihrem Vater bekommen hatte. Immer wieder warf sie die Kugel in die Luft und fing sie wieder auf.

Eines Tages rutschte ihr die Kugel aus der Hand und fiel mit einem PLATSCH in den Teich! Der Teich war so tief, dass sie nicht bis auf den Grund sehen konnte.

Der Froschkönig

„Meine schöne goldene Kugel!", schluchzte die Prinzessin. Das Herz schien ihr zu zerspringen, und ihre Tränen tropften ins Wasser, denn sie dachte, ihr Lieblingsspielzeug sei für immer verloren.

Da streckte ein hässlicher, gefleckter Frosch den Kopf aus dem Wasser. „Warum weinst du?", fragte er.

„Meine kostbare goldene Kugel ist ins Wasser gefallen", klagte sie.

„Was gibst du mir, wenn ich sie dir wiederhole?", fragte der Frosch.

„Du kannst meine Juwelen und Perlen haben, und sogar die Krone auf meinem Kopf", schluchzte die unglückliche Prinzessin.

„Ich brauche keines dieser Dinge", sagte der Frosch. „Aber wenn du versprichst, für mich zu sorgen, meine Freundin zu sein, dein Essen mit mir zu teilen und mich auf deinem Kissen schlafen zu lassen, dann will ich dir deine Goldkugel wiederbringen."

„Ich verspreche es", sagte die Prinzessin, aber sie meinte es nicht ernst. Als der Frosch in das trübe Wasser hinabtauchte, dachte sie: „Er ist bloß ein dummer alter Frosch. Ich werde keines dieser Dinge tun müssen."

Als der Frosch mit der Kugel wieder auftauchte, riss sie ihm diese aus der Hand und rannte den ganzen Weg zurück zum Schloss.

Der Froschkönig

Später, als die Prinzessin mit ihrem Vater zu Abend aß, klopfte es an der Tür.

„Prinzessin, lasst mich ein", rief eine knarrende Stimme. Als die Prinzessin die Tür öffnete, erschrak sie: Da saß in einer Wasserpfütze der gefleckte Frosch! Sie schlug die Tür zu und eilte zurück zum Tisch.

„Warum siehst du so ängstlich aus?", fragte der König. „War es eine Hexe?"

„Nein, Vater, es war ein Frosch", antwortete die Prinzessin.

„Was will denn ein Frosch von dir?", fragte der erstaunte König.

Die Prinzessin erzählte ihrem Vater, wie sie die Kugel verloren und was sie dem Frosch versprochen hatte.

„Prinzessinnen halten immer ihre Versprechen, mein Liebling", sagte ihr Vater. „Bitte den Frosch herein und heiße ihn willkommen!"

Die Prinzessin tat wie ihr geheißen.

Sobald der Frosch durch die Tür gehüpft war, bat er auch schon darum, auf den Teller der Prinzessin gehoben zu werden, damit sie ihr Essen mit ihm teilen konnte.

Der Froschkönig

Als der Frosch das angeekelte Gesicht der Prinzessin sah, sang er:

„Prinzessin, Prinzessin, teil mit mir dein Essen!
Du hast es versprochen, hast du's schon vergessen?"

Dem König gefiel es nicht, dass seine Tochter sich so garstig benahm. „Dieser Frosch hat dir geholfen, als du in Nöten warst", sagte er. „Du hast ihm etwas versprochen, und das musst du nun halten."

Die Prinzessin hatte keine Wahl. Sie hob den glitschigen Frosch auf ihren Teller und sah zu, wie er an ihrem Essen knabberte.

Den Rest des Tages folgte der Frosch der Prinzessin überallhin. Sie hoffte, dass er wenigstens zur Schlafenszeit in seinen Teich zurückginge, aber das tat er nicht.

Als es dämmerte, gähnte der Frosch und reckte sich. „Ich bin müde", sagte er. „Nimm mich mit in dein Zimmer und lass mich auf deinem seidenen Kissen schlafen."

Der Froschkönig

Die Prinzessin war entsetzt. „Nein!", sagte sie. „Geh zurück in deinen Teich, du schleimiges Wesen, und lass mich in Ruhe!"

Der geduldige Frosch aber sang:

„Prinzessin, Prinzessin, teil mit mir dein Kissen!
Du hast es versprochen, das musst du doch wissen!"

Die Prinzessin hatte keine Wahl: Sie nahm ihn mit in ihr Zimmer. Doch sie konnte den Gedanken nicht ertragen, neben ihm zu schlafen, und so setzte sie ihn in einer Ecke auf den Boden statt auf ihr Kissen. Dann stieg sie in ihr Bett, legte den Kopf auf das seidene Kissen und schlief ein.

Nach einer Weile sprang der Frosch aufs Bett. „Auf dem Boden zieht es! Lass mich auf deinem Kissen schlafen, wie du es versprochen hast!", sagte er.

Die schläfrige Prinzessin wurde noch ärgerlicher als zuvor. Sie nahm den Frosch und warf ihn quer durchs Zimmer. Mit einem KLATSCH landete er auf dem Boden. Dort blieb er verwirrt und hilflos liegen.

Die Prinzessin war nun richtig wach. Als sie den Frosch so still dort liegen sah, war sie plötzlich von Mitleid erfüllt. Nicht auszudenken, wenn sie das arme Ding verletzt hätte!

„Oh, du armer Liebling!", rief sie, hob den Frosch hoch und gab ihm einen Kuss.

Da verwandelte sich der Frosch in einen hübschen jungen Prinzen.

„Süße Prinzessin", rief er. „Ich war verhext, und dein zarter Kuss hat den Bann gebrochen!"

Der Froschkönig

Der Prinz und die Prinzessin verliebten sich ineinander und heirateten bald darauf.

Sie spazierten oft zusammen durch den schattigen Wald, saßen am Teich und warfen die goldene Kugel hin und her. Dabei lächelten sie beim Gedanken an ihre erste Begegnung.

Ende

Hänsel und Gretel

Es waren einmal zwei Kinder, die hießen Hänsel und Gretel. Sie lebten mit Vater und Stiefmutter in einem kleinen Haus am Waldesrand.

Der Vater war Holzfäller. Er verdiente sehr wenig, und die Familie hatte nicht viel zu essen.

Es kam der Tag, an dem fast gar kein Essen mehr da war.

„Was sollen wir tun?", rief der Vater.

Die Stiefmutter, die Hänsel und Gretel nicht mochte, sagte: „Wir müssen die Kinder tief in den Wald bringen und dort lassen. Hier sind einfach zu viele Mäuler zu füttern!"

„Das können wir nicht tun!", protestierte der Vater, denn er liebte seine Kinder sehr.

„Wir müssen, oder wir werden alle vor Hunger sterben!", kreischte seine Frau. „Die Kinder müssen weg, basta!"

Hänsel und Gretel lauschten in ihrem Zimmer. Gretel brach in Tränen aus.

„Sorge dich nicht", sagte Hänsel. „Ich pass auf dich auf!"

Als ihre Eltern zu Bett gingen, schlich sich Hänsel aus dem Haus. Draußen lagen überall weiße Kieselsteine, die im silbernen Mondlicht leuchteten. Er füllte seine Taschen damit und ging wieder ins Bett.

Früh am nächsten Morgen scheuchte die Stiefmutter Hänsel und Gretel aus ihren Betten.

„Kommt, Kinder. Wir gehen in den Wald, um Holz zu schlagen", sagte sie zu ihnen.

Schweren Herzens führte der Holzfäller seine Kinder in den Wald. Als sie so gingen, ließ Hänsel nach und nach die Kiesel aus seinen Taschen auf den Weg fallen.

Als sie die Mitte des Waldes erreichten, sagte der Holzfäller: „Wartet hier. Wir kommen zurück, wenn wir mit dem Holzfällen fertig sind."

Hänsel und Gretel warteten den ganzen Tag, doch Vater und Stiefmutter kamen nicht zurück. Bald wurde es zwischen den dicht stehenden Bäumen dunkel. Gretel bekam Angst.

„Wir werden den Weg nach Hause finden", beruhigte Hänsel seine Schwester.

Als der Mond aufgegangen war, leuchteten die weißen Kiesel, die Hänsel auf den Pfad gestreut hatte, hell auf. Er nahm Gretels Hand.

„Komm, Gretel, die Kiesel werden uns den Heimweg zeigen!"

Als Hänsel und Gretel zu Hause ankamen, war der Holzfäller froh, seine Kinder wiederzusehen, aber ihre Stiefmutter war sehr zornig.

Schon bald hatten der Holzfäller und seine Familie wieder kaum etwas zu essen.

Hänsel und Gretel

„Morgen bringen wir die Kinder tiefer in den Wald. Sie dürfen den Heimweg nicht finden!", rief die Stiefmutter.

Dieses Mal hinterließ Hänsel, als sie in den Wald geführt wurden, eine Spur von Brotkrumen.

Als ihre Eltern vom Holzfällen wieder nicht zurückkamen, sagte Hänsel: „Wir folgen den Brotkrumen auf dem Weg. Sie werden uns heimführen."

Doch als der Mond aufging, konnten Hänsel und Gretel keine Brotkrumen sehen. „Die Vögel müssen sie alle aufgepickt haben!", flüsterte Hänsel.

Ängstlich und hungrig legten sich Hänsel und Gretel unter einen Baum und warteten bang auf das Ende der Nacht.

Am nächsten Morgen wanderten sie durch den Wald. Nach einer Weile kamen sie zu einer Lichtung, auf der ein Häuschen stand.

„Schau, Hänsel!", rief Gretel. „Das Häuschen ist aus Lebkuchen und Süßigkeiten!"

Die Kinder waren so hungrig, dass sie einige Süßigkeiten von den Wänden des Hauses abrissen. Da ging die Tür auf, und eine alte Frau humpelte heraus.

„Kommt herein, Kinder", sagte sie lächelnd. „Ich habe hier drin noch viel mehr zu essen!"

Mit knurrenden Mägen folgten Hänsel und Gretel der alten Frau in ihr Häuschen. Nach einem köstlichen Essen zeigte sie ihnen zwei kleine Bettchen, und sie legten sich schlafen.

Die Kinder wussten nicht, dass die alte Frau in Wirklichkeit eine böse Hexe war, die gerne Kinder aß!

Hänsel and Gretel

Als Hänsel und Gretel aus ihrem Nickerchen aufwachten, packte die Hexe Hänsel und sperrte ihn in einen Käfig. Gretel musste putzen und große Mengen Essen kochen, mit denen Hänsel gemästet werden sollte.

Die Wochen vergingen. Jeden Morgen ging die Hexe zum Käfig.

„Steck deinen Finger heraus, Junge! Ich will fühlen, ob du schon fett genug zum Verspeisen bist!"

Hänsel, der ein schlauer Junge war, steckte dann einen alten Hühnerknochen heraus. Die Hexe konnte so schlecht sehen, dass sie den Knochen für Hänsels Finger hielt. Sie fragte sich, warum der Junge gar nicht dicker wurde.

Eines Tages wurde die Hexe ungeduldig.

„Ich kann nicht länger warten", zischte sie.

Gretel bekam Panik.

„Wir backen etwas Brot zu dem Festmahl", sagte die Hexe. „Geh und schau, ob der Ofen schon heiß genug ist."

Die böse Hexe packte Gretels Arm und schubste sie grob zur offenen Ofentür. Abscheulich grinsend leckte sie sich die Lippen. Sie wollte auch Gretel verspeisen und konnte ihr köstliches Mahl kaum abwarten!

Gretel ahnte, was die Hexe vorhatte. „Ich bin zu groß, ich passe dort nicht hinein!", sagte sie.

„Oh, du dummes Mädchen", kicherte die Hexe. „Sogar ich passe da hinein!" Und sie steckte ihren Kopf in den Ofen, um zu zeigen, dass sie recht hatte. Da gab Gretel ihr einen mächtigen Schubs, und die Hexe verschwand im Ofen. Schnell schlug Gretel die Ofentür zu.

„Hänsel, die Hexe ist tot!", rief Gretel und befreite Hänsel aus seinem Käfig.

Als Hänsel und Gretel aus dem Haus traten, sahen sie, dass es voller glitzernder Juwelen und Goldmünzen war! Die Kinder stopften ihre Taschen voll mit den Schätzen.

„Komm, Gretel", lachte Hänsel. „Lass uns heimgehen!"

Ihr Vater war sehr glücklich, sie wiederzusehen. Er erzählte ihnen, dass ihre Stiefmutter gestorben war, während sie fort gewesen waren, und dass sie sich nicht mehr fürchten mussten. Hänsel und Gretel zeigten ihrem Vater die Juwelen und Münzen. Nun würden sie nicht länger arm sein!

Und von da an mussten der Holzfäller und seine Kinder nie wieder Hunger leiden.

Ende

Die drei Ziegenböcke

Es waren einmal drei Ziegenböcke – ein kleiner weißer, ein mittlerer brauner und ein großer grauer.

Sie alle waren Brüder.

Der kleine Ziegenbock hatte kleine Hörner.

Der mittlere Ziegenbock hatte mittelgroße Hörner.

Und der große Ziegenbock hatte große, geschwungene Hörner!

Die drei Ziegenböcke lebten auf einer kleinen Weide neben einem Fluss. Den ganzen Tag fraßen sie das grüne Gras. Auf der anderen Seite des Flusses, jenseits einer wackligen Holzbrücke, lag ein großes

Feld. Die Ziegenböcke fanden, dass dort das Gras viel höher und grüner und saftiger aussah!

Jeden Tag schauten die drei Böckchen sehnsuchtsvoll zum saftigen Gras am anderen Ufer. Wie gern wären sie über die Brücke dorthin gegangen, wenn da nicht diese Sache wäre.

Diese eine schreckliche Sache.

Ein böser, stinkender, alter Troll mit sehr spitzen Zähnen lebte unter der Brücke, und er bewachte sie Tag und Nacht.

Das Gras auf der Weide der drei Ziegenböcke wurde immer kürzer und immer trockener und brauner, und die Brüder bekamen immer mehr Hunger auf frisches, saftiges Gras.

Eines Tages beschloss der kleine Ziegenbock, dass er genug hatte.

„Ich bin so hungrig", rief er seinen Brüdern zu. „Ich kann nicht einen Halm von diesem trockenen, braunen Gras mehr essen!"

Die drei Ziegenböcke

„Wir auch nicht!", stöhnten seine beiden Brüder. „Schaut euch nur das saftige Gras dort drüben an. Ach, wenn wir nur an dem bösen alten Troll vorbeikämen!"

„Ich werde es versuchen", sagte der kleine Ziegenbock tapfer. Und er ging los, TRIPP-TRAPP, TRIPP-TRAPP, über die Brücke.

Plötzlich schrie eine heisere Stimme: „Wer TRIPP-TRAPPT da über meine Brücke? Wenn du weitergehst, esse ich dich auf! Du wärest bestimmt lecker auf einem Butterbrot!"

„Oh, bitte friss mich nicht!", rief der kleine Ziegenbock. Er war sehr ängstlich, aber er hatte einen Plan. „Ich bin nur eine kleine Ziege. Gleich kommt mein Bruder, der ist viel größer und leckerer als ich!"

Der gierige Troll dachte darüber nach und rülpste laut. „Na gut", sagte er, „du darfst hinüber!"

Der kleine Ziegenbock rannte so schnell ihn seine kleinen Beine trugen, bis er die andere Seite erreichte.

Der mittlere Ziegenbock sah seinen Bruder, wie er das saftige Gras am anderen Ufer kaute. Dieses Gras wollte er auf jeden Fall auch fressen!

Er wandte sich an den großen Ziegenbock. „Wenn er über die Brücke gehen kann, kann ich das auch!", sagte er. Und er ging los, TRIPP-TRAPP, TRIPP-TRAPP, über die Brücke.

Da kletterte der böse Troll aus seinem Versteck.

„Wer TRIPP-TRAPPT da über meine Brücke? Wenn du weitergehst, esse ich dich auf! Du wärest bestimmt lecker mit Reis!"

Die drei Ziegenböcke

Er leckte sich die Lippen, als er sah, wie viel größer diese Ziege war.
Der mittlere Ziegenbock hielt an. Seine Hufe klapperten vor Angst.
„Oh, bitte friss mich nicht!", rief er. „Ich bin eigentlich nicht so groß.
Gleich kommt mein Bruder, der ist viel größer und leckerer als ich!"

Der Troll rollte mit den Augen, leckte sich die Spucke vom Kinn
und grunzte, der Ziegenbock dürfe die Brücke überqueren.

Der mittlere Ziegenbock galoppierte rasch über die Brücke zu seinem
Bruder, bevor der böse Troll es sich anders überlegte.

Der große Ziegenbock hatte seine Brüder beobachtet.

„Ich bin groß und stark ... und ich bin wirklich hungrig!", sagte er
bei sich. Und so ging er los, TRIPP-TRAPP, TRIPP-TRAPP,
über die Brücke, um zu seinen Brüdern zu gelangen und das
saftige Gras am anderen Ufer zu essen.

Und wieder kam der böse, stinkende,
alte Troll auf die Brücke.

„Wer TRIPP-TRAPPT
da über meine
Brücke?

Die drei Ziegenböcke

Wenn du weitergehst, esse ich dich auf! Du wärest bestimmt lecker in einem Eintopf!" Dieser Ziegenbock war wirklich groß! Dem Troll lief das Wasser im Mund zusammen, und sein großer Magen begann zu knurren.

Der große Ziegenbock stampfte mit den Hufen. „Nein, du kannst mich nicht fressen!", rief er. „Ich bin groß und habe große Hörner, und wenn du mich nicht vorbeilässt, werfe ich dich in den Fluss!"

Bevor der Troll antworten konnte, senkte der große Ziegenbock den Kopf und rannte auf ihn los. Er warf den bösen Troll hoch in die Luft.

Hinab,

hinab,

hinab,

hinab,

hinab,

fiel der Troll. Mit einem großen Platsch fiel er in den Fluss und trieb davon. Und das war das Ende des bösen Trolls.

„Määhh! Gut gemacht, großer Bruder!", lachten der kleine und der mittlere Ziegenbock. „Komm und friss das Gras – es ist wirklich saftig und köstlich!"

Und die drei Ziegenböcke mussten nie wieder Hunger leiden.

Ende

Däumelinchen

Es war einmal eine arme Frau, die wohnte in einem kleinen Häuschen. Sie hatte keinen Mann, aber sie wünschte sich sehr ein Kind. Eines Tages ging sie zu einer Fee, um sie um Hilfe zu bitten.

„Du bist eine gute Frau", sagte die Fee, „deshalb gebe ich dir dieses Zauberkorn. Vergrabe es und gieße es gut, und du wirst sehen, was geschieht!"

Die Frau dankte der Fee und tat wie ihr geheißen. Ein Tag, zwei Tage, drei Tage vergingen, und nichts passierte. Doch am vierten Tag keimte ein kleiner grüner Sprössling. Und am fünften Tag erschien eine Knospe mit glänzenden rosafarbenen Blütenblättern, die noch fest geschlossen waren.

„Welch wunderschöne Blume du sein wirst", lächelte die Frau und küsste sie sacht.

Da entfalteten sich die Blätter, und in der Mitte der Blume lag ein wunderschönes Mädchen, so klein wie ein Daumen. Die Frau klatschte vor Freude in die Hände.

„Ich werde dich Däumelinchen nennen", rief sie und legte ihr neues Kind in ein Bett aus einer Walnussschale, mit einer Decke aus einem Rosenblatt.

Däumelinchen

Däumelinchen war sehr glücklich mit ihrer Mutter. Doch eines Tages, als die Mutter nicht da war, kroch eine hässliche, schleimige Kröte ins Haus. Als sie Däumelinchen im Bett schlafen sah, rief sie: „Du wärest die perfekte Frau für meinen Sohn!" Sie packte das Mädchen und kroch wieder aus dem Haus, so, wie sie gekommen war.

Als Däumelinchen aufwachte, saß sie auf einer Seerose in einem Bach, und zwei Kröten starrten sie an.

„Dies ist deine neue Frau!", sagte die Mutter zu ihrem Sohn. Er öffnete seinen breiten, zahnlosen Mund zu einem Grinsen, aber heraus kam nur „Quak, quak!"

Däumelinchen

„Aber ich will keine Kröte heiraten", sagte Däumelinchen und fing an zu weinen.

„Du undankbares Mädchen", schimpfte die Krötenmutter. „Du bleibst hier, bis du aufhörst zu weinen!" Die zwei Kröten sprangen ins Wasser und schwammen davon. Däumelinchen schluchzte und schluchzte.

Schließlich hatte ein Fisch Mitleid mit ihr und nagte den Stängel der Seerose durch. Däumelinchen trieb auf dem Blatt sanft den Fluss hinab und entkam den Kröten.

Schließlich trieb sie ans Ufer und kletterte an Land. Plötzlich packte sie ein großer brauner Käfer mit seinen Scheren.

„Setz mich wieder ab!", sagte Däumelinchen.

„Nein", sagte der Käfer. „Du musst bei mir bleiben und meine Freundin sein!"

Der Käfer schleppte Däumelinchen zu einer Lichtung. Dort wartete ein anderer, größerer brauner Käfer auf ihn. Er schaute Däumelinchen an und schüttelte den Kopf.

„O Bert, sie ist so hässlich", sagte der größere Käfer. „Sie kann hier nicht bleiben!"

Die beiden Käfer stritten sich, und Däumelinchen wurde herumgeschleudert. Doch dann gab Bert nach, und sie ließen Däumelinchen gehen. Sie rannte davon, so schnell sie konnte.

Däumelinchen lebte den ganzen Sommer auf dem Land. Sie vermisste ihre Mutter, wusste aber nicht, wie sie nach Hause finden sollte. Also sammelte sie wilde Beeren und freundete sich mit vielen Tieren an.

Däumelinchen

Der Winter kam. Däumelinchen fror. Sie war hungrig und ganz allein. Zum Glück lud sie eine nette Feldmaus ein, bei ihr in der Höhle zu wohnen. Sie war so dankbar, dass sie sofort Ja sagte.

Unter der Erde war es warm und gemütlich, aber schon bald vermisste Däumelinchen die Sonne. Und dann fragte ein Freund der Maus, der Maulwurf, ob sie ihn heiraten wolle.

Däumelinchen

„Aber ich will keinen Maulwurf heiraten", rief Däumelinchen. „Ich lebe gern bei dir, Maus, doch ich vermisse die Sonne."

„Du undankbares Mädchen!", sagten Maus und Maulwurf. Da willigte Däumelinchen traurig ein, den Maulwurf zu heiraten, und die Hochzeit wurde für den folgenden Sommer festgesetzt.

Däumelinchen war unglücklich. Eines Tages, als sie durch die unterirdischen Tunnel wanderte, fand sie eine halb erfrorene Schwalbe. Sie drückte den Vogel fest an sich, um ihn zu wärmen. Langsam öffnete er die Augen.

„Du hast mir das Leben gerettet", sagte die Schwalbe. „Komm mit mir in den Süden, in das Land der Sonne und der Blumen!"

„Ich kann die Maus nicht verlassen", seufzte Däumelinchen, „sie war so nett zu mir."

„Dann muss ich allein fliegen", sagte die Schwalbe und streckte ihre Flügel. „Aber im nächsten Sommer komme ich zurück. Lebe wohl!" Dann flog sie davon.

Die Monate vergingen, und der Tag, den Däumelinchen fürchtete, war da – der Tag, an dem sie den Maulwurf heiraten sollte. Doch während sie auf ihn wartete, kam die Schwalbe zurück.

„Komm mit mir!", rief sie.

„Ja, gern!", sagte Däumelinchen.

Und so flog Däumelinchen mit der Schwalbe in den Süden. Als sie ihr neues Zuhause erkundete, öffnete sich vor ihr eine besonders schöne Blume.

Däumelinchen

Und in ihrer Mitte lag ein Feenprinz, nicht größer als ein Daumen, mit Schmetterlingsflügeln.

„Willst du mich heiraten?", fragte er sogleich.

„Ja, ich will!", rief Däumelinchen.

Und so heiratete Däumelinchen, mit Schmetterlingsflügeln, die extra für sie gemacht wurden, den Prinzen und wurde die Königin der Blumenfeen. Doch sie vergaß ihre Mutter nicht: Noch am selben Tag schickte sie Feenboten, um ihr eine Nachricht und einen wunderschönen Blumenstrauß zu überbringen. Und wenn das liebe Däumelinchen und ihr Feenmann nicht gestorben sind, so leben sie noch heute.

Ende

Das hässliche Entlein

Es war einmal eine stolze und glückliche Ente. „Ich habe sieben schöne Eier, und bald werde ich sieben schöne Küken haben", sagte sie zu den anderen Tieren am Flussufer.

Nicht mehr lange, und schon hörte sie ein Knacken! Und ein hübsches Küken streckte seinen kleinen Kopf aus der Eierschale.

„Ist es nicht wunderschön?", rief die Ente. Bald kam noch eins ... und noch eins ..., bis sie sechs schöne kleine Küken hatte, die ihre weichen gelben Flügel in der Frühlingsluft trockneten.

„Nur noch ein Ei übrig", quakte Mutter Ente. „Und es ist ein großes!" Eine ganze Weile passierte gar nichts. Mutter Ente machte

sich schon Sorgen,
doch dann begann
das größte Küken
endlich zu schlüpfen.

Klopf, klopf, klopf!
Da kam ein Schnabel.

Kracks, kracks, kracks!
Da kam ein Kopf.

Krach, krach krach! Heraus kam
das letzte Küken.

„Oh", sagte Mutter Ente. „Das ist
wohl ... ein bisschen anders!"

Das letzte Küken sah tatsächlich merkwürdig aus. Es war größer
als die anderen Küken und hatte auch nicht ihre schönen gelben
Federn.

„Das macht nichts", sagte Mutter Ente. „Du bist mein besonderes
Küken. Und jetzt ab ins Wasser", sagte sie zu ihren Kleinen.

„Ihr müsst gleich schwimmen lernen." Ein Küken nach dem
anderen hüpfte ins Wasser und landete mit einem kleinen Plopp.
Doch das hässliche Entlein fiel über seine großen Füße und landete
mit einem lauten Platschen im Wasser. Die anderen Küken lachten
über ihren unbeholfenen Bruder.

„So, meine kleinen Küken", sagte Mutter Ente, „bleibt zusammen
und schwimmt hinter mir her!"

Zurück im Nest übten die Küken das Quaken.

„Sprecht mir nach", sagte ihre Mutter. „Quak, quak, quaketi-
quak!"

85

Das hässliche Entlein

„Quak, quak, quaketi-quak!", wiederholten die Küken – alle außer dem hässlichen Entlein.

„Honk! Honk!", rief es. Wie sehr es auch versuchte: Es konnte nicht so quaken wie seine Brüder und Schwestern.

„Was für ein Geschrei!", sagte Mutter Ente. „Na ja, du wirst es schon noch lernen."

Die anderen Küken quakten vor Lachen.

Das hässliche Entlein ließ verschämt den Kopf hängen.

„Niemand mag mich", dachte es. „Ich werde nie dazugehören!"

Am nächsten Tag nahm Mutter Ente ihre Kleinen wieder zum Schwimmen mit. Wieder blieben die Küken in ihrer Nähe, während das hässliche Entlein allein schwamm.

Einige wilde Gänse rauschten herab und landeten nahebei auf dem Fluss.

„Was für ein Vogel bist du denn?", fragte eine Gans recht frech.

„Ein Entlein natürlich", antwortete das Entlein.

Das hässliche Entlein

„Meine Familie hat mich ganz allein gelassen."
Den restlichen Gänsen tat das hässliche Entlein leid.
„Komm mit uns", sagten sie, „in die große weite Welt, es gibt so viel zu sehen!" Aber das hässliche Entlein traute sich nicht von seinem Fluss weg, und so blieb es, wo es war.

Wenn ihre Mutter nicht hinsah, ärgerten die anderen Küken ihren hässlichen Bruder.

„Schaut euch nur seine langweiligen grauen Federn an", sagte seine Schwester herzlos, während sie ihr eigenes Spiegelbild im Wasser bewunderte. „Meine sind so viel schöner!"

Das hässliche Entlein

Das hässliche Entlein schwamm davon und schaute sein Spiegelbild an.

„Ich sehe anders aus als sie", dachte es.

Traurig und einsam fühlte es sich. Es schwamm den Fluss hinab und hielt nicht an, bis es an einem Ort war, den es noch nie gesehen hatte. „Ich kann genauso gut allein hier bleiben", beschloss es.

Auf den Sommer folgte der Herbst. Der Himmel wurde wolkig und der Fluss trüb. Doch das hässliche Entlein schwamm noch immer allein in seinem ruhigen Teil des Flusses.

In diesem Winter gab es viel Schnee, und das hässliche Entlein fror und fühlte sich allein. Der Fluss war zugefroren.

„Wenigstens kann ich so mein hässliches Spiegelbild nicht mehr sehen", dachte es bei sich.

Endlich kam der Frühling, und das Eis taute.

Neue Besucher erschienen auf dem Fluss. Das hässliche Entlein wurde nervös, als einige prächtige weiße Enten herbeischwammen.

„Ihr seid aber große Enten", sagte es, als sie näherkamen.

„Wir sind keine Enten", lachten die eleganten Wesen. „Wir sind Schwäne – genau wie du!"

Das hässliche Entlein wusste nicht, was sie meinten. Es blickte auf sein Spiegelbild im Fluss und war überrascht,

Das hässliche Entlein

wunderschöne weiße Federn und einen eleganten langen Hals zu sehen.

„Bin das wirklich ich?", fragte es verwundert.

„Oh ja!", sagten sie. „Du bist wirklich ein hübscher Schwan!"

Der hübsche junge Schwan gesellte sich zu seinen neuen Freunden und glitt anmutig mit ihnen den Fluss hinauf.

Als er an einer Entenfamilie vorbeischwamm, erkannte Mutter Ente sofort ihr hässliches Entlein. „Ich wusste immer, er ist etwas Besonderes!", sagte sie.

Und der schöne junge Schwan schwamm stolz auf dem Fluss. Er schüttelte sein prächtiges weißes Gefieder und hielt den eleganten Kopf hoch erhoben.

Ende

Dornröschen

Es waren einmal ein König und eine Königin. Als die Königin ein wunderschönes kleines Mädchen gebar, war das Königspaar voller Freude und beschloss, die Taufe zu feiern. Sie luden ihre Freunde und alle Könige, Königinnen, Prinzen und Prinzessinnen aus anderen Königreichen im Land ein.

Fünf gute Feen lebten im Königreich, und der König wollte, dass sie Patentanten seiner kleinen Tochter würden. Eine dieser Feen war sehr alt, und lange hatte sie niemand mehr gesehen. Daher lud der König, als er die Einladungen zur Taufe verschickte, nur die vier jungen Feen ein.

Der Tag der Taufe kam. Es war ein freudiger Anlass, und das Schloss war voller Gelächter und Tanz.

Nach dem köstlichen Festessen gaben die vier guten Feen der Prinzessin ihre magischen Geschenke.

Die erste beugte sich über die Wiege, schwang ihren Zauberstab und sagte: „Du sollst gütig und fürsorglich sein."

Die zweite Fee sagte: „Du sollst schön und liebevoll sein."

Die dritte Fee sagte: „Du sollst schlau und besonnen sein."

Dem kleinen Mädchen wurden alle erdenklichen Dinge versprochen. Doch als gerade die dritte Fee ihr Geschenk übergab, ertönte ein lauter Knall, und die Türen des Schlosses flogen auf.

Es war die alte Fee. Sie war böse, weil sie nicht zum Fest

Dornröschen

eingeladen worden war. Sie stürzte zu dem schlafenden Baby, schwang ihren Zauberstab und sprach einen Fluch über das Kind aus.

„Eines Tages soll die Königstochter sich den Finger an einer Spindel stechen und tot umfallen!", kreischte sie.

Und dann ging sie davon.

Die Gäste verstummten bei diesen schrecklichen Worten, und die Königin brach in Tränen aus.

Die vierte Fee hatte ihr Geschenk noch nicht übergeben. „Liebe Königin, bitte weint nicht! Ich kann den Fluch nicht aufheben, aber ich kann ihn abmildern", sagte sie.

Sie ging zur Wiege und schwang ihren Zauberstab.

„Die Prinzessin wird sich den Finger an einer Spindel stechen, aber

Dornröschen

sie wird nicht sterben. Stattdessen sollen die Prinzessin und alle im Schloss und drumherum in einen tiefen Schlaf fallen, der hundert Jahre dauern soll."

Der König dankte der Fee für ihre Güte und befahl dann, zum Schutz seiner Tochter alle Spindeln im Königreich zu verbrennen.

Die Jahre vergingen, und die Prinzessin wurde zu einem schönen und gütigen jungen Mädchen, genau wie es die Feen versprochen hatten.

Eines Tages beschloss die Prinzessin, zu ihrem Vergnügen die Räume des Schlosses zu erkunden, die sie noch nicht kannte.

Nach einer Weile kam sie zu einer kleinen Tür ganz oben in einem hohen Turm. Dahinter saß eine alte Frau an ihrem Spinnrad. Die Prinzessin wusste nicht, dass die alte Frau in Wahrheit die böse Fee war.

„Was machst du da?", fragte die Prinzessin neugierig.

„Ich spinne Garn, mein liebes Kind", antwortete die Frau.

„Kann ich es auch versuchen?", fragte die Prinzessin.

Kaum hatte sie die Spindel berührt, da stach sie sich den Finger und fiel in einen tiefen, tiefen Schlaf.

Eine seltsame Stille legte sich über das Schloss, von den Gärten bis zum höchsten Turm, und König und Königin begannen zu gähnen.

Schon bald war jedes Lebewesen innerhalb der Schlossmauern in einen tiefen, tiefen Schlaf gefallen.

Mit der Zeit wuchs eine Dornenhecke rund um das Schloss. Jedes Jahr wurde sie höher und dichter, bis man nur noch die höchsten Türme sehen konnte.

Die Geschichte der schönen Prinzessin, die dort schlief, verbreitete sich im ganzen Land. Man nannte sie überall „Dornröschen".

Viele Prinzen versuchten, die Dornen zu überwinden, um Dornröschen zu retten, aber keiner hatte Erfolg. Die Hecke war zu dicht.

Genau hundert Jahre, nachdem die Prinzessin eingeschlafen war, beschloss ein hübscher Prinz, der von Dornröschen gehört hatte, es zu versuchen. Er wollte den Bann brechen und die Prinzessin wecken.

Der Prinz wusste nicht, dass der Fluch der Fee seinem Ende nahte. Als er die dichte Hecke berührte, verwandelten sich alle Dornen in wunderschöne Rosen, und wie von Zauberhand öffnete sich vor ihm ein breiter Pfad.

Bald kam der Prinz zum Schloss. Nirgends war ein Laut zu hören. In jedem Raum sah er schlafende Menschen und Tiere.

Schließlich fand er den winzigen Raum im Turm, in dem Dornröschen lag. Der Prinz schaute sie voller Staunen an, und dann küsste er sie sanft.

Die schlafende Prinzessin öffnete die Augen und lächelte den Prinzen an. In diesem Augenblick verliebten sie sich ineinander.

Alles im Schloss wachte auf. Auch König und Königin erwachten aus ihrem tiefen Schlaf und freuten sich sehr, dass ihre Tochter wach war. Sie hießen den hübschen Prinzen willkommen, der ihre Prinzessin gefunden hatte.

Das Schloss war wieder mit Gelächter und Freude erfüllt.

Dornröschen

Der König ordnete an, ein großes Hochzeitsfest vorzubereiten und lud die Menschen des ganzen Königreiches ein.

Dornröschen heiratete ihren schönen Prinzen, und wenn sie nicht gestorben sind, so leben sie noch heute.

Ende

Wie der Leopard seine Flecken bekam

Vor langer, langer Zeit lebte ein Leopard in einer heißen, kargen, sandigen Steppe in Afrika. Dort lebten auch Giraffe und Zebra und viele Antilopen – groß und klein, jung und alt. Die Tiere waren sandgelb, genau wie die Steppe selbst. Auch der Leopard war sandgelb, und das war nicht gut für die restlichen Tiere, denn auf der sandgelben Ebene war er schwer auszumachen. Er konnte im gelben Gras lauern und dann hervorspringen, sie fangen und auffressen, wann immer er wollte. Giraffe, Zebra und alle anderen Tiere lebten in Angst. Der Leopard hingegen war sehr zufrieden und nie hungrig!

Nach einer Weile hatten Giraffe, Zebra und die anderen genug davon. Sie beschlossen, aus der sandigen Steppe wegzuziehen und einen besseren Lebensraum zu finden. Sie liefen und liefen, bis sie zu einem riesigen Wald kamen, wo die Sonne durch die Bäume fiel. Dadurch entstanden streifige, fleckige, ungleichmäßige Schatten. Dort versteckten sich die Tiere, und weil sie zum Teil in der Sonne, zum Teil im Schatten waren, veränderte sich ihr Fell. Das Fell der Giraffe bekam von dem klecksigen Schatten, in dem sie stand, große, braune, klecksige Flecken. Das Fell des Zebras bekam von dem streifigen Schatten, in dem es lag, schwarze Streifen. Die Felle der anderen Tiere wurden dunkler und bekamen wellige Linien und Muster von den Schatten sie herum.

In der sandigen Steppe wunderte sich der Leopard. Alle Tiere waren verschwunden, und er bekam langsam Hunger.

„Wo sind sie alle hin?", fragte er die Pavianfrau.

„Zum Wald", sagte sie. „Und sie haben sich verändert. Auch du musst dich verändern."

Der Leopard wollte fragen, was die Pavianfrau mit „verändert" meinte, aber das Pavianbaby musste gefüttert werden, und sie hatte keine Zeit für Erklärungen.

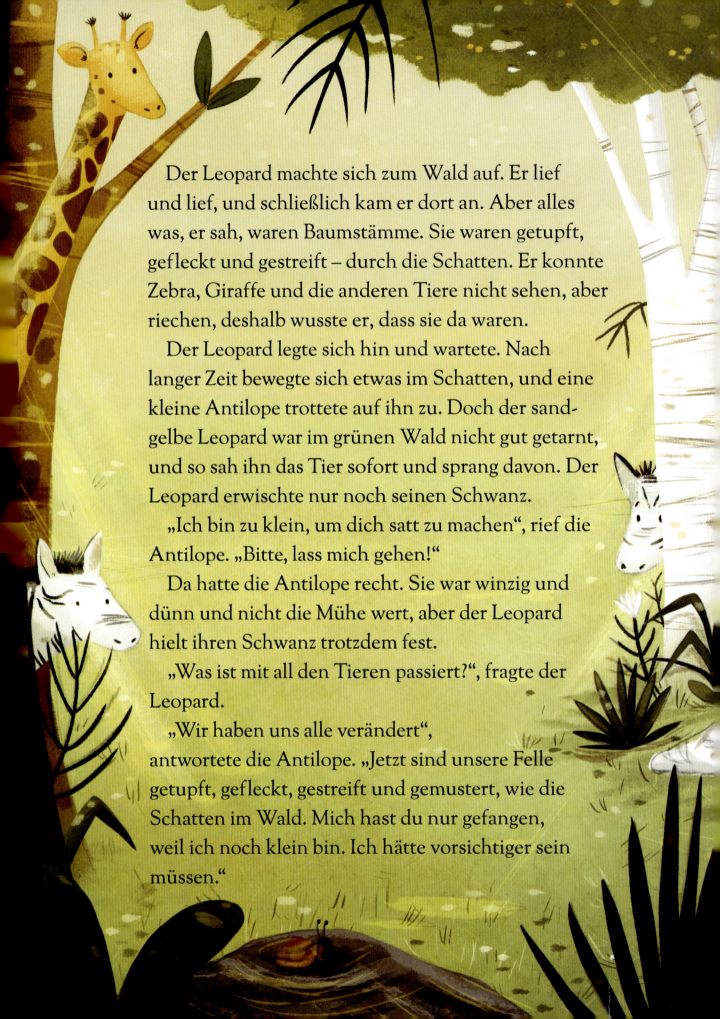

Der Leopard machte sich zum Wald auf. Er lief und lief, und schließlich kam er dort an. Aber alles was, er sah, waren Baumstämme. Sie waren getupft, gefleckt und gestreift – durch die Schatten. Er konnte Zebra, Giraffe und die anderen Tiere nicht sehen, aber riechen, deshalb wusste er, dass sie da waren.

Der Leopard legte sich hin und wartete. Nach langer Zeit bewegte sich etwas im Schatten, und eine kleine Antilope trottete auf ihn zu. Doch der sandgelbe Leopard war im grünen Wald nicht gut getarnt, und so sah ihn das Tier sofort und sprang davon. Der Leopard erwischte nur noch seinen Schwanz.

„Ich bin zu klein, um dich satt zu machen", rief die Antilope. „Bitte, lass mich gehen!"

Da hatte die Antilope recht. Sie war winzig und dünn und nicht die Mühe wert, aber der Leopard hielt ihren Schwanz trotzdem fest.

„Was ist mit all den Tieren passiert?", fragte der Leopard.

„Wir haben uns alle verändert", antwortete die Antilope. „Jetzt sind unsere Felle getupft, gefleckt, gestreift und gemustert, wie die Schatten im Wald. Mich hast du nur gefangen, weil ich noch klein bin. Ich hätte vorsichtiger sein müssen."

Der Leopard ließ die kleine Antilope los und setzte sich hin, um nachzudenken. „Also deshalb kann ich Giraffe und Zebra und die restlichen Tiere im Wald nicht sehen", dachte er. „Sie haben ihre Felle verändert, damit sie zu den schattigen Bäumen passen. Wenn ich sie fangen will, muss mich dann auch verändern? Und wie um alles in der Welt kann ich das tun?"

Als er so nachdachte, wanderten weitere Antilopen durch den Wald. Wenn sie sich bewegten, konnte der Leopard sie gut sehen. Aber wenn sie stehen blieben, waren sie im Schatten verborgen. Der Leopard war wiederum mit seinem gelben Fell gut zu sehen, deshalb kamen die Antilopen nicht zu nah heran.

Der Leopard saß lange im Schatten und leckte nachdenklich seine Pfoten. Bald bemerkte er etwas Komisches: Seine Pfoten waren nicht mehr sandgelb. Sie hatten kleine, dunkle Punkte. Und auch auf seinem Schwanz waren Punkte.

Der Leopard schaute sich um und stellte fest, dass die Punkte auf seinem Fell zu den kleinen, dunklen Flecken des Schattens passten, in dem er lag. „Aha!", dachte er. „Die Schatten haben diese Flecken gemacht, seit ich hier liege. So kann ich also mein Fell verändern, genau wie Giraffe, Zebra und die anderen Tiere!"

Inzwischen war der Leopard von all dem Denken und Warten müde geworden, und so fiel er in einen tiefen Schlaf. Als er lange Zeit später erwachte, war sein Fell durch die Schatten des Waldes ganz mit kleinen, dunklen Flecken bedeckt.

„Das ist ja prima!", sagte er und schaute sein neues Fell an.

„Jetzt, wo mein Fell nicht mehr gelb-bräunlich ist, kann ich mich im grünen Wald verstecken und Giraffe, Zebra und alle anderen sehen mich nicht. Und wenn sie dann nah herankommen, kann ich hervorspringen, sie fangen und auffressen!"

Damit zog der gefleckte Leopard los in den getupften, gefleckten, gestreiften Schatten des Waldes, wo er bis an sein Lebensende zufrieden war. Er aß und schlief und wurde nicht entdeckt. Und die anderen Tiere lernten, sich vor ihm zu verstecken, so gut sie konnten!

Ende

Der Lebkuchenmann

Es lebten einmal eine kleine alte Frau und ein kleiner alter Mann in einem kleinen alten Häuschen. Eines Tages beschloss die kleine alte Frau, für den kleinen alten Mann etwas Gutes zu backen.

„Ich backe ihm einen besonderen Lebkuchenmann", dachte sie.

Sie rührte tüchtig alle Zutaten, rollte den Teig aus, stach den Lebkuchenmann aus und legte ihn zum Backen in den Ofen. Bald erfüllte ein köstlicher Duft das kleine alte Häuschen.

Die kleine alte Frau zog gerade ihre Ofenhandschuhe an, um nach dem Gebäck zu schauen, als sie eine seltsame Stimme rufen hörte.

„Lass mich raus! Ich bin fertig gebacken, und es ist heiß hier drin!"

Die kleine alte Frau sah sich um. Sie war verwirrt. „Jetzt höre ich schon Stimmen!", schmunzelte sie.

Der Lebkuchenmann

Sie öffnete die Ofentür und fiel vor Überraschung fast um, denn der kleine Lebkuchenmann sprang vom Backblech, sauste an ihr vorbei und rannte zur Haustür hinaus.

„Komm zurück!", rief die kleine alte Frau. „Du riechst köstlich, wir wollen dich essen!"

Doch der Lebkuchenmann war zu schnell für die alte Frau. Er rannte an dem kleinen alten Mann vorbei in den Garten.

„Halt!", rief der kleine alte Mann und setzte die Schubkarre ab. „Ich will dich essen!"

Doch der kleine Lebkuchenmann war schon halb die Straße heruntergelaufen. Er war sehr schnell, und die kleine alte Frau und der kleine alte Mann waren sehr langsam.

„Halt, halt!", keuchten sie außer Atem, während sie die Straße hinunterrannten.

Der Lebkuchenmann schlüpfte unter einem Zaun hindurch auf ein Feld und sang dabei:

„Ich renn, ich renn, so schnell ich kann.

Ihr fangt mich nicht, ich bin der Lebkuchenmann!"

Als der Lebkuchenmann über das Feld rannte, kam er an einem Schwein vorbei.

Der Lebkuchenmann

„Halt!", grunzte das Schwein. „Ich will dich essen!"

„Ich bin vor einer kleinen alten Frau und einem kleinen alten Mann weggelaufen, und vor dir kann ich auch weglaufen", sagte er.

Und er rannte noch schneller, gefolgt von der kleinen alten Frau, dem kleinen alten Mann und dem Schwein.

Dann traf der Lebkuchenmann eine Kuh.

„Du riechst köstlich!", muhte die Kuh. „Halt, kleiner Mann, ich will dich essen!"

Doch der Lebkuchenmann rannte nur noch schneller. „Ich bin vor einer kleinen alten Frau, einem kleinen alten Mann und einem Schwein weggelaufen, und vor dir kann ich auch weglaufen", rief er.

Die Kuh begann, hinter dem Lebkuchenmann herzurennen, aber er sprintete im hohen Gras an ihr vorbei und sang dabei:

„Ich renn, ich renn, so schnell ich kann.
Ihr fangt mich nicht, ich bin der Lebkuchenmann!"

Der Lebkuchenmann

Die kleine alte Frau, der kleine alte Mann, das Schwein und die Kuh rannten und rannten, aber keiner von ihnen konnte den kleinen Lebkuchenmann fangen.

Auf dem nächsten Feld traf der Lebkuchenmann ein Pferd.

„Du siehst lecker aus!", wieherte das Pferd. „Halt, kleiner Mann, ich will dich essen!"

Aber der Lebkuchenmann rannte nur noch schneller. „Ich bin vor einer kleinen alten Frau, einem kleinen alten Mann, einem Schwein und einer Kuh weggelaufen, und vor dir kann ich auch weglaufen!"

Das Pferd begann, hinter dem Lebkuchenmann herzugaloppieren, aber er war schon halb über das Feld gerannt. Er drehte sich um, winkte dem Pferd zu und sang:

„Ich renn, ich renn, so schnell ich kann. Ihr fangt mich nicht, ich bin der Lebkuchenmann!"

Die kleine alte Frau, der kleine alte Mann, das Schwein, die Kuh und das Pferd rannten und rannten, aber keiner von ihnen konnte den kleinen Lebkuchenmann fangen.

Der Lebkuchenmann

Der kleine Lebkuchenmann zwängte sich durch eine Hecke und rannte weiter, schneller und schneller, über einen Pfad durch einen schattigen Wald. Er grinste und war ziemlich stolz darauf, wie schnell er rennen konnte.

„Keiner kann mich fangen!", kicherte er.

Doch nach ein paar Schritten musste der Lebkuchenmann plötzlich stehen bleiben. Vor ihm lag ein breiter Fluss, der seinen Weg versperrte.

Während der kleine Lebkuchenmann sich fragte, wie er über den Fluss gelangen sollte, sprach ihn ein listiger alter Fuchs an.

„Hallo, kleiner Mann", sagte der Fuchs und leckte sich die Lippen. „Du siehst aus, als könntest du Hilfe gebrauchen."

„Oh ja, bitte", rief der Lebkuchenmann. „Ich bin vor einer kleinen alten Frau, einem kleinen alten Mann, einem Schwein, einer Kuh und einem Pferd weggelaufen, und ich muss diesen Fluss überqueren, damit ich weiterrennen kann. Und ich kann nicht schwimmen!"

Der Lebkuchenmann

„Spring auf meinen Schwanz, und ich trage dich über den Fluss", grinste der listige alte Fuchs. „Da bist du sicher."

Und so kletterte der Lebkuchenmann auf den Schwanz des Fuchses, und der Fuchs begann, über den Fluss zu schwimmen.

Nach einer Weile sagte der Fuchs: „Du bist zu schwer für meinen Schwanz. Hüpf auf meinen Rücken."

Der kleine Lebkuchenmann rannte den Fuchsschwanz entlang und hüpfte auf seinen Rücken. Er hielt sich am Fell fest.

Bald sagte der Fuchs: „Du bist zu schwer für meinen Rücken. Hüpf auf meine Nase."

Der kleine Lebkuchenmann tat wie ihm geheißen und hüpfte auf die Nase des Fuchses.

Schließlich erreichten sie das andere Ufer des Flusses. Der Lebkuchenmann wollte gerade zu Boden springen, als der hungrige Fuchs seinen Kopf zurückwarf. Der kleine Lebkuchenmann wurde hoch in die Luft geschleudert.

Dann fiel der Lebkuchenmann herunter, und das Maul des listigen alten Fuchses schnappte zu.

Und das war das Ende des kleinen Lebkuchenmannes!

Ende

Stadtmaus und Landmaus

Es waren einmal zwei kleine Mäuseriche. Der eine wohnte in der Stadt, und der andere wohnte auf dem Land.

Eines Tages besuchte der Stadtmäuserich den Landmäuserich. Er war noch nie auf dem Land gewesen und deshalb sehr aufgeregt. Er packte seinen Koffer und machte sich auf den Weg.

Das Haus der Landmaus war klein und dunkel – gar nicht wie das der Stadtmaus. Das Essen war auch anders: Es gab cremigen Käse, saftige Äpfel und knusprige Haselnüsse. Es schmeckte alles sehr gut, aber als der Stadtmäuserich fertig war, hatte er immer noch Hunger.

Nach dem Essen nahm die Landmaus die Stadtmaus mit auf einen Spaziergang. Sie gingen über einen sonnigen Pfad und gelangten durch ein knarrendes Gatter auf ein großes Feld. Der Stadtmäuserich fing gerade an, sich gut zu unterhalten, als …

„Muuh!"

„Was war das?", fragte er ängstlich und trippelte näher an die Landmaus heran.

„Ach, das ist nur eine Kuh", sagte sein Freund. „Auf dem Land gibt es viele davon. Davor muss man keine Angst haben."

Stadtmaus und Landmaus schlenderten weiter, durch eine Blumenwiese und über einen Grashügel. Bald kamen sie an einen friedlichen Teich. Der Stadtmäuserich fing gerade an, sich gut zu unterhalten, als ...

„Zisch!"

„Was war das?", fragte er wieder, von der Nase bis zum Schwanz zitternd.

„Ach, das ist nur eine Gans", sagte sein Freund. „Auf dem Land gibt es viele davon. Davor muss man keine Angst haben."

Stadtmaus und Landmaus gingen weiter, über eine wacklige Brücke, einen sandigen Weg hinunter in einen schattigen Wald. Der Stadtmäuserich fing gerade an, sich gut zu unterhalten, als ...

„Hu-huu!"

„Was war das?", rief er und sprang vor Schreck hoch.

„Eine Eule!", rief die Landmaus. „Renn um dein Leben! Wenn sie dich fängt, frisst sie dich!"

Und so rannten die beiden Mäuse, bis sie eine Hecke fanden, in der sie sich versteckten.

Der Stadtmäuserich war entsetzt. „Ich mag das Land überhaupt nicht!", sagte er. „Komm mal zu mir in die Stadt. Du wirst sehen, wie viel besser das ist!"

Der Landmäuserich war noch nie in der Stadt gewesen. Er packte seinen Rucksack und ging los, um seinen Freund zu besuchen.

Das Haus der Stadtmaus war riesig und prachtvoll, gar nicht wie das Haus der Landmaus.

Das Essen war auch anders: Statt Äpfeln und Nüssen gab es

Stadtmaus und Landmaus

Butterbrote, Törtchen und Schokolade. Ganz, ganz viel davon. Es war lecker, aber der Landmaus wurde ein bisschen schlecht.

Nach dem Essen gingen die Freunde spazieren. Sie kamen an Läden und Büros und Häusern vorbei. Der Landmäuserich fing gerade an, sich gut zu unterhalten, als …

„Tut-tut!"

„Was ist das?", fragte er angstvoll und schaute sich um.

„Das? Das ist bloß ein Auto", sagte sein Freund. „In der Stadt gibt es viele davon. Davor muss man keine Angst haben."

Dann gingen sie durch einen Park, an einer Kirche vorbei und eine breite Straße entlang. Der Landmäuserich fing gerade an, sich gut zu unterhalten, als …

„Tatütata! Tatütata!"

„Was ist das?", fragte er wieder. Seine Schnurrhaare zitterten.

„Das? Das ist bloß ein Feuerwehrwagen. In der Stadt gibt es viele davon. Davor muss man keine Angst haben."

Als die Mäuse nach Hause trippelten, kamen sie an einem Spielplatz, einer Schule und einem hübschen Vorgarten vorbei. Der Landmäuserich fing gerade an, sich gut zu unterhalten, als …

Stadtmaus und Landmaus

„Miau!"

„Was ist das?", quiekte er mit großen Augen.

„Eine Katze!", schrie die Stadtmaus. „Renn um dein Leben! Wenn sie dich fängt, frisst sie dich!"

Und so rannten die beiden Mäuse den ganzen Weg zurück zum Haus der Stadtmaus.

Der Landmäuserich war entsetzt! „Ich mag die Stadt überhaupt nicht! Ich gehe nach Hause", sagte er.

„Aber wie kannst du glücklich sein, wenn du in der Nähe der Kuh, der Gans und der schrecklichen Eule lebst?", fragte die Stadtmaus.

Stadtmaus und Landmaus

„Die machen mir keine Angst!", rief die Landmaus. „Und wie kannst du glücklich sein, wenn du in der Nähe der Autos, Feuerwehrwagen und der schrecklichen Katze lebst?"

„Die machen mir keine Angst!", rief die Stadtmaus.

Die zwei Mäuse sahen sich an. Wer hatte recht und wer unrecht? Sie würden einfach nie einer Meinung sein. Und so gaben sie sich die Hand und gingen beide ihrer Wege: Die Stadtmaus in ihr großes und die Landmaus in ihr gemütliches Haus.

„Zu Hause ist's am schönsten!", sagte die Stadtmaus und seufzte froh.

„Zu Hause ist's am schönsten!", sagte die Landmaus und lächelte glücklich.

Und die beiden lebten zufrieden bis an ihr Lebensende, jeder auf seine eigene Art und Weise.

Ende

Rumpelstilzchen

Es war einmal ein armer Müller, der hatte eine Tochter. Sie war sehr schön, und er erzählte vielen Leuten von ihr.

Eines Tages ritt der König durch das Dorf. Der Müller wollte den König unbedingt beeindrucken. „Eure Hoheit, meine Tochter ist sehr hübsch und gescheit", sagte er.

Aber der König beachtete ihn nicht.

„Sie kann außerdem Stroh zu Gold spinnen!", log der Müller.

„Deine Tochter muss ja sehr gescheit sein. Bringe sie morgen zum Schloss, damit ich mich selbst überzeugen kann", verlangte der König.

Der Müller wagte nicht, dem König zu widersprechen, und so brachte er seine Tochter am nächsten Tag zum Schloss. Der König führte das Mädchen in ein Zimmer voller Stroh. Auf dem Boden standen ein kleiner Schemel und ein Spinnrad.

„Spinne dieses Stroh bis morgen früh zu Gold, oder du wirst in den Kerker geworfen", sagte der König. Dann ging er aus dem Zimmer und verriegelte die Tür.

Die arme Müllerstochter setzte sich auf den Schemel und starrte das Stroh an. Sie weinte bitterlich über die unmögliche Aufgabe, die vor ihr lag.

Plötzlich sprang die Tür auf, und herein kam der seltsamste kleine Mann, den sie je gesehen hatte.

„Warum weinst du?", fragte er.

Rumpelstilzchen

„Ich muss dieses Stroh bis morgen früh zu Gold spinnen, aber ich weiß nicht, wie", antwortete das Mädchen traurig.

„Wenn du mir deine hübsche Halskette gibst, werde ich das Stroh zu Gold spinnen", sagte das seltsame Männlein.

„Oh, danke!", japste das Mädchen. Sie wischte ihre Tränen fort und gab ihm die Halskette.

Das Männlein setzte sich ans Spinnrad und fing an zu arbeiten.

Die ganze Nacht spann das Männlein, und am Morgen war der Raum voll mit aufgewickeltem Gold. Und so plötzlich, wie er erschienen war, verschwand der merkwürdige Mann wieder.

Als der König zurückkam, staunte er über das viele Gold.

„Das hast du sehr gut gemacht", sagte er. „Aber ich frage mich, ob du das Gleiche noch einmal machen kannst."

Rumpelstilzchen

Er brachte die Müllerstochter in ein viel größeres Zimmer. Auch das war voller Stroh.

„Spinne dieses Stroh bis morgen früh zu Gold, oder du wirst in den Kerker geworfen", sagte der König, und wieder sperrte er das Mädchen ein.

Die Müllerstochter hatte große Angst. Da erschien das seltsame Männlein wieder vor ihr.

Rumpelstilzchen

„Weine nicht", sagte es. „Gib mir deinen funkelnden Ring, und ich werde das Stroh zu Gold spinnen."

Dankbar gab sie ihm den Ring, und das Männlein fing an zu arbeiten. Wieder verwandelte sich alles Stroh zu Gold.

Der König wollte einen letzten Beweis.

„Wenn du das noch einmal tun kannst, wirst du meine Königin!", rief der König.

Als der König ging, weinte die arme Müllerstochter, dieses Mal noch bitterlicher.

„Warum weinst du?", fragte das Männlein, das zum dritten Mal erschien. „Du weißt doch, dass ich dir helfen werde."

„Aber ich habe nichts mehr, was ich dir geben kann", schluchzte das Mädchen.

„Wenn du Königin wirst", antwortete das Männlein, „kannst du mir dein erstgeborenes Kind geben."

Die verzweifelte Müllerstochter willigte ein. Und wieder spann das Männlein alles Stroh zu Gold. Der König war so entzückt, als er am nächsten Tag all das Gold sah, dass er sein Versprechen hielt und die Müllerstochter zur Frau nahm. Die neue Königin war sehr glücklich und vergaß bald ihr Versprechen, das sie dem seltsamen Männlein gegeben hatte, um sie vor dem Kerker zu retten.

Rumpelstilzchen

Ein Jahr später bekamen König und Königin einen hübschen Jungen. Eines Nachts, als die Königin gerade Baby in den Schlaf wiegte, erschien das Männlein in ihrem Schlafzimmer.

„Gib mir das Kind", sagte es, „wie du versprochen hast."

Die Königin war entsetzt. „O bitte, nimm stattdessen all meinen Schmuck und mein Geld", flehte sie. „Nur nicht meinen Sohn!"

„Doch!", antwortete das Männlein. „Du hast es versprochen. Aber ich gebe dir drei Tage. Wenn du in dieser Zeit meinen Namen errätst, darfst du dein Kind behalten."

Die verzweifelte Königin stimmte zu. Am nächsten Tag schickte sie Boten durch das ganze Königreich. Sie sollten alle Jungennamen sammeln, die sie finden konnten.

In dieser Nacht erschien das seltsame Männlein wieder, und die Königin las die Namen vor, die sie gesammelt hatte. Doch nach jedem Namen lachte es nur.

Am nächsten Tag schickte die Königin ihre

Rumpelstilzchen

Boten aus, um noch mehr Namen zu finden, und des Nachts las sie dem Männlein die neuen Namen vor. Doch wieder riet die Königin falsch.

Am dritten Tag war die arme Königin am Ende. Es war schon spät, als ihr letzter Bote zurückkam.

„Eure Hoheit, ich habe keine neuen Namen mehr gefunden", sagte er. „Aber als ich durch den Wald zurückging, sah ich ein kleines Männlein, das hüpfte und tanzte um ein Feuer und sang ein Lied. Das ging so:

„Ach wie gut, dass niemand weiß, dass ich Rumpelstilzchen heiß!"

Die Königin war außer sich vor Freude!

Als das Männlein in dieser Nacht erschien, sagte die Königin: „Ist dein Name vielleicht … Rumpelstilzchen?"

Da wurde das Männlein wütend! Es hüpfte von einem Bein aufs andere und stampfte mit den Füßen auf den Boden, bis dieser zerbrach. Dann lief es aus dem Zimmer und ward nie wieder gesehen.

Der König, die Königin und ihr Sohn lebten glücklich bis an ihr Lebensende.

Ende

Die goldene Gans

Es war einmal ein Mann, der wohnte am Rande eines Waldes. Er hatte drei Söhne. Eines Tages ging der älteste Junge zum Holzfällen. Seine Mutter gab ihm Kuchen und frische Milch mit. Nach einer Weile sprach ihn ein kleiner, alter Mann mit grauem Bart an.

„Würdest du mir bitte etwas zu essen und zu trinken geben?", sagte der Mann. „Ich bin sehr hungrig und durstig." Aber der Junge weigerte sich.

„Ich habe nicht mehr genug für mich selbst, wenn ich mit dir teile", sagte er, und fuhr fort, Holz zu hacken. Kurze Zeit später rutschte er mit der Axt ab und schnitt sich in den Arm. Er ging heim, um seinen Arm verbinden zu lassen.

Stattdessen ging der zweite Sohn Holz fällen. Seine Mutter gab ihm Kuchen und frische Milch mit. Wieder kam der alte Mann und wollte etwas davon abhaben.

„Nein", sagte der Junge, „denn was ich dir gebe, kann ich nicht selbst essen."

Bald darauf rutschte auch er mit der Axt ab und schnitt sich ins Bein. Er humpelte heim, um sein Bein verbinden zu lassen.

Die goldene Gans

Schließlich wollte der jüngste Sohn, Dummling, zum Holzfällen gehen. Doch sein Vater erlaubte es nicht.

„Du bist ein dummer Junge. Deine Brüder haben sich verletzt, und du wirst dich bestimmt auch verletzen", sagte er.

Aber Dummling bestand darauf zu gehen. Seine Mutter gab ihm nur einen trockenen Keks und eine Flasche Wasser, und er zog los in den Wald. Kaum hatte er mit der Arbeit angefangen, als der alte Mann erschien und nach Essen und Trinken fragte.

„Es ist nichts Besonderes", sagte Dummling. „Aber wenn du mit trockenem Keks und Wasser zufrieden bist, teile ich gern mit dir."

Die goldene Gans

Sie teilten den Keks und das Wasser, und dann sagte der kleine alte Mann: „Du warst gut zu mir, und dafür bekommst du eine Belohnung. Fälle diesen Baum dort und schau, was du darin findest."

Dummling tat, wie ihm geheißen, und mitten im Baumstamm fand er eine Gans mit glänzenden Federn aus purem Gold! Dummling hatte noch nie einen so seltsamen Vogel gesehen. Er sah sich nach dem alten Mann um, doch der war verschwunden, und so nahm Dummling die Gans und ging nach Hause.

Doch bald hatte sich Dummling verlaufen. Es wurde dunkel, und als er an einen Gasthof kam, beschloss er, dort die Nacht zu verbringen.

Der Gastwirt hatte drei Töchter. Die waren sehr neugierig auf die goldene Gans. Als Dummling zu Abend aß, wollte das älteste Mädchen eine Feder stehlen. Doch sobald sie die Gans

Die goldene Gans

anfasste, klebte sie daran fest! Wie sie auch zerrte: Sie kam nicht mehr los.

Das mittlere Mädchen wollte auch eine Feder. Sie versuchte, ihre Schwester aus dem Weg zu schubsen, doch da klebte sie plötzlich am Arm ihrer Schwester fest!

Als das jüngste Mädchen hinzukam, warnten ihre Schwestern sie davor, sie anzufassen. Doch sie dachte, die beiden wollten nur die goldenen Federn für sich behalten. Sie packte den Arm der mittleren Schwester – und schon klebte sie fest.

Am nächsten Morgen brach Dummling mit der goldenen Gans auf. Die Schwestern zog er hinterdrein. Als sie an einer Kirche vorbeikamen, rief der Pfarrer: „Was tut ihr Mädchen da – lauft ihr hinter dem jungen Mann her? Lasst ihn sofort los!"

Er versuchte, das jüngste Mädchen wegzuziehen, aber schon klebte er genauso fest wie sie. Er rief nach seiner Frau, sie sollte ihn befreien, aber das endete nur damit, dass die Frau am Pfarrer festklebte.

Die goldene Gans

Zwei Bauern kamen vom Feld gerannt, um der merkwürdigen Gruppe zu helfen, doch bald klebten auch sie fest. Inzwischen war es der seltsamste Umzug, den man sich vorstellen kann!

Zufällig kamen sie am Schloss des Königs vorbei. Der hatte eine Tochter, doch die war immer traurig. Niemand konnte die Prinzessin zum Lächeln bringen. Der König wollte sie so gern aufheitern, dass er sie demjenigen zur Frau versprochen hatte, der sie fröhlich machen könnte. Viele junge Männer hatten versucht, sie zum Lachen zu bringen – mit Witzen, Zaubertricks, Albernheiten und Grimassen –, doch nichts half, und sie war immer noch traurig.

Als die Prinzessin an jenem Tag aus dem Fenster schaute und Dummling mit der goldenen Gans die Straße entlanggehen sah, begann sie zu lächeln.

Dann sah sie die drei Schwestern, den Pfarrer, die Pfarrersfrau und die zwei Bauern hinterdrein stolpern. Ihr Lächeln wurde zu einem Lachen, und das Lachen wurde lauter und lauter. Sie lachte so sehr, dass ihr die Tränen über die Wangen liefen.

„Mein Liebling, was hat dich zum Lachen gebracht?", rief der König erfreut. Die Prinzessin lachte so sehr, dass sie kaum sprechen konnte. Sie zeigte auf Dummling und die lange Schlange hinter der Gans.

Der König sandte einen Diener, der Dummling holen sollte.

„Die Prinzessin lacht!", rief der König. „Das ist dein Werk. Du darfst sie heiraten!"

„Ich? Die Prinzessin heiraten?", sagte Dummling.

„Nun, ja!", antwortete der König. „Ich bin so froh, dass endlich jemand meiner armen, traurigen Tochter geholfen hat. Ich will nur, dass sie glücklich ist. Wenn du sie zum Lachen bringen kannst, bist du der beste Ehemann, den sie nur haben kann."

Plötzlich sprang die goldene Gans von Dummlings Arm, und die Festgeklebten waren frei.

Dummling und die Prinzessin heirateten bald, und sie lebten ein langes, glückliches Leben voller Freude und Lachen.

Ende

Die Wichtel

Es waren einmal ein Schuster und seine Frau. Die arbeiteten von früh bis spät und waren doch sehr arm.

„Unser Leder reicht nur noch für ein paar Schuhe zum Verkaufen", sagte der Schuster eines Tages zu seiner Frau.

„Was soll nur aus uns werden?", fragte die Frau. „Wie sollen wir ohne Geld leben?"

Der Schuster schüttelte traurig den Kopf. Er schnitt das Leder zurecht und legte es auf seine Werkbank, um es am nächsten Morgen zu bearbeiten.

Dann gingen die beiden mit schwerem Herzen zu Bett.

Mitten in der Nacht, das Haus war still, und weißes Mondlicht schien in die Werkstatt, erschienen zwei Wichtel. Sie waren in Lumpen gekleidet, aber ihre Augen leuchteten hell. Sie schauten sich die Werkstatt an, balancierten auf Garnrollen und spähten in die Schränke. Schon bald hatten sie das Leder entdeckt.

Die Wichtel

Wichtel sind eifrige kleine Wesen, und so fingen sie gleich an zu schneiden und zu nähen. Bei der Arbeit sangen sie:

„Hier könnt ihr fleißige Wichtel sehn
in der mondscheinhellen Nacht.
Wenn die Menschen schlafen gehn
wird ihre ganze Arbeit gemacht!"

Im Morgengrauen waren die zwei kleinen Wichtel fertig und verschwanden.

Als der Schuster am Morgen anfangen wollte zu arbeiten, traute er seinen Augen nicht. Auf der Werkbank lag das schönste Paar Schuhe, das er je gesehen hatte.

„Die Stiche sind so fein", sagte er und zeigte seiner erstaunten Frau die schönen Schuhe. „Die stelle ich in mein Fenster, dass sie jeder sehen kann!"

Kurz darauf kam ein reicher Herr am Laden vorbei. Er sah die schönen Schuhe und trat ein.

Die Wichtel

Der reiche Herr probierte die Schuhe an, und sie passten genau. Er war so entzückt, dass er dem Schuster den doppelten Preis bezahlte.

„Nun kann ich mehr Leder kaufen!", sagte der Schuster zu seiner Frau.

An diesem Abend schnitt der Schuster Leder für zwei weitere Paar Schuhe zurecht. Mitten in der Nacht erschienen wieder die beiden Wichtel. Sie schauten sich die Werkstatt an, kletterten auf die Werkzeuge und schaukelten an Schnürsenkeln. Schon bald hatten sie das Leder entdeckt.

Sie fingen gleich an zu schneiden und zu nähen. Bei der Arbeit sangen sie:

„Hier könnt ihr fleißige Wichtel sehn
in der mondscheinhellen Nacht.
Wenn die Menschen schlafen gehn
wird ihre ganze Arbeit gemacht!"

Im Morgengrauen waren die zwei kleinen Wichtel fertig und verschwanden.

Als der Schuster am Morgen in die Werkstatt kam, fand er zwei Paar schöne Schuhe auf der Werkbank. Er stellte sie ins Fenster.

Die Wichtel

Inzwischen hatte der reiche Herr seinen Freunden von der guten Arbeit des Schusters erzählt. Die zwei Paar Schuhe wurden noch am gleichen Tag verkauft – für mehr Geld, als der Schuster je zu träumen gewagt hatte. Jetzt hatte er genug Geld, um Leder für vier neue Paar Schuhe zu kaufen.

„Aber wer ist es, der uns hilft?", fragte des Schusters Frau.

Am Abend schnitt der Schuster das Leder für vier weitere Paar Schuhe aus. Er ließ es wie immer auf der Werkbank liegen. Dann versteckte er sich mit seiner Frau, und sie warteten.

Mitten in der Nacht sahen sie mit Erstaunen, wie die zwei kleinen Wichtel erschienen. Wie immer erkundeten sie die Werkstatt. Sie tanzten mit bunten Bändern und jonglierten mit Perlen. Schon bald hatten sie das Leder entdeckt.

Wieder fingen sie gleich an zu schneiden und zu nähen. Bei der Arbeit sangen sie:

„Hier könnt ihr fleißige Wichtel sehn
in der mondscheinhellen Nacht.
Wenn die Menschen schlafen gehn
wird ihre ganze Arbeit gemacht!"

Im Morgengrauen waren die zwei kleinen Wichtel fertig und verschwunden.

Die Wichtel

"Wir müssen unseren kleinen Helfern ihre Güte vergelten", sagte der Schuster zu seiner Frau.

Die beiden dachten darüber nach, was sie tun könnten, um den Wichteln zu danken.

"Sie hatten nur Lumpen an", sagte die Frau. "Warum nähen wir ihnen nicht schöne neue Kleider?"

Obwohl sie nun in der Schusterei viel zu tun hatten, verbrachten der Schuster und seine Frau jede freie Minute damit, ihr Geschenk für die Wichtel zu machen. Sie schnitten feinen Stoff und Leder zurecht und nähten winzige Nähte. Bald waren zwei kleine Hosen, zwei hübsche Mäntel, zwei feste Paar Stiefel und zwei warme Wollschals fertig. Sie legten die kleinen Kleider auf die Werkbank, damit die Wichtel sie fanden.

Des Nachts, als das Haus still war und weißes Mondlicht in die Werkstatt schien, versteckte sich der Schuster mit seiner Frau, und sie warteten. Gespannt beobachteten sie, wie die beiden Wichtel erschienen. Wie immer schauten sie sich die Werkstatt an. Sie tanzten auf dem Zwirn und hopsten auf einem Nadelkissen herum. Dann fanden sie die kleinen Kleider. Sie waren entzückt! Sie zogen die Hosen, Mäntel, Stiefel und Schals an und tanzten fröhlich um die Werkbank herum.

Beim Tanzen sangen sie:

„Hier könnt ihr fleißige Wichtel sehn
in der mondscheinhellen Nacht.
Wenn die Menschen schlafen gehn
wird ihre ganze Arbeit gemacht!"

Und dann setzten die schlauen kleinen Wichtel ihre Mützen auf und verschwanden.

Der Schuster und seine Frau sahen sie nie mehr wieder. Aber sie machten weiter schöne Schuhe für ihr Geschäft, und von diesem Tage an ging es ihnen immer gut.

Ende

Die Schildkröte und der Hase

Hase und Schildkröte waren Nachbarn. Der Hase hatte es immer eilig; er rannte von einer wichtigen Aufgabe zur nächsten. Er war so schnell und emsig, dass er manchmal kaum wusste, wohin er rannte. Die Schildkröte dagegen trottete langsam einher. An einem Tag schaffte sie nicht besonders viel, doch sie gelangte immer an ihr Ziel.

Als die Schildkröte eines Tages langsam die Straße entlangging, sauste der Hase an ihr vorbei. Er schaute über die Schulter und rief: „Beeil dich, Schildkröte – sonst kommst du nie an!"

„Oh doch", sagte die Schildkröte ruhig. „Langsam, aber sicher."

Der Hase rannte lachend dreimal um die Schildkröte herum, dann sauste er weiter.

Eine halbe Stunde später kam er zurück. Die Schildkröte ging immer noch in die gleiche Richtung; sie war nicht besonders weit gekommen. Der Hase lachte.

Die Schildkröte und der Hase

„Du bist so langsam!", sagte er. „Wie kommst du je irgendwo an?"

„Schau", sagte die Schildkröte. „Ein Schritt nach dem anderen. Ein Fuß vor den anderen. Langsam, aber sicher."

„Es ist hoffnungslos mit dir!", sagte der Hase. „Das dauert ja einen ganzen Tag, bis du überhaupt am Ende der Straße bist!"

Am Ende war die Schildkröte so genervt, dass sie den Hasen nicht länger ignorieren konnte.

„Ich komme immer an mein Ziel!", sagte sie. „Und wenn du mir nicht glaubst, fordere ich dich zu einem Rennen heraus. Du kannst die Route wählen, den Tag und die Zeit!"

Der Hase lachte so sehr, dass er umfiel. Er wälzte sich auf dem Boden, und Lachtränen rollten seine Schnurrhaare hinab.

„Ein Rennen?", japste er. „Zwischen dir und mir? Das ist lächerlich! Da hast du ja keine Chance!"

„Hast du Angst?", fragte die Schildkröte. „Denn wenn nicht: Los geht's!"

Der Hase konnte kaum aufhören zu lachen, aber er setzte das Rennen für den nächsten Tag an und bat den Fuchs, Schiedsrichter zu sein. Sie würden an der alten Eiche starten und den ganzen Weg bis zum Fluss rennen.

Die Schildkröte ging schon am frühen Abend los, um pünktlich am Morgen an der Startlinie zu sein.

Der Hase ging nach Hause und schlief. Er stand spät auf und rannte zur Eiche. Dort wartete schon die Schildkröte. Alle anderen Tiere waren zum Zuschauen gekommen.

„Der Fuchs wartet am Fluss auf euch", sagte der Bär. „Wir können starten, wenn ihr bereit seid."

Beide gingen in Position.

„Auf die Plätze!", sagte die Schildkröte.

„Fertig!", sagte der Hase.

„Los!", schrien alle Tiere.

Schildkröte und Hase liefen los.

Der Hase sprintete voraus und hopste den Pfad entlang. Die Schildkröte hob einen Fuß und stellte ihn ab. Dann hob sie den anderen Fuß und stellte ihn ab. Langsam, langsam. Als die Schildkröte den ersten Busch erreicht hatte, war der Hase schon ein winziger Punkt am Horizont. Als sie den zweiten Busch erreichte, war der Hase nicht mehr zu sehen.

Nach einigen Minuten sah der Hase den Fluss vor sich liegen. Er hielt an und sah sich um. Er konnte die Schildkröte nirgends sehen.

„Sie ist so langsam!", lachte er in sich hinein. „Sie wird noch Stunden brauchen. Da kann ich mich noch ein bisschen ausruhen." Und so setzte sich der Hase nicht weit von der Ziellinie entfernt unter einen Baum. Die Sonne schien warm, und das träge Gesumm der Bienen, die rundherum die Blumen besuchten, war einschläfernd. Bald nickte der Hase ein.

Auf dem Pfad wanderte die Schildkröte weiter, langsam aber sicher, ein Schritt nach dem anderen, ein Fuß vor den anderen.

Nach einer Stunde wachte der Hase auf und spähte zum Horizont. Er konnte die Schildkröte gerade sehen, wie sie auf ihn zukam, langsam aber sicher, doch immer noch weit weg.

„Sie ist so langsam!", sagte der Hase zu sich selbst. „Sie wird noch Stunden brauchen. Da kann ich genauso gut weiterschlafen." Und das tat er.

Die Schildkröte ging weiter, langsam aber sicher. Ihr schwerer Panzer schwankte den Pfad entlang. Der Hase schlief in der warmen Sonne.

Als der Hase aufwachte, konnte er die Schildkröte nirgends sehen.

„Sie braucht so lange", sagte er. „Ich bin sicher, sie wird

Die Schildkröte und der Hase

noch Stunden unterwegs sein. Ich könnte einfach weiterschlafen." Aber es war später Nachmittag, und die Sonne stand schon tief. „Ich sollte ins Ziel laufen, dann kann ich heimgehen und mich in mein Bett legen."

Und er rannte so schnell er konnte zur Ziellinie.

Die Schildkröte wartete bereits am Fluss auf ihn.

„Wo warst du?", fragte sie. „Ich bin schon seit Stunden hier. Du bist so langsam!"

Der Hase versuchte zu erklären, aber weder Schildkröte noch Fuchs hörten ihm zu.

„Aber ich bin schneller!", beschwerte sich der Hase. „Es ist nicht fair!"

„Die Regeln waren einfach", sagte der Fuchs. „Die Schildkröte hat gewonnen."

„Das Rennen ging darum, wer zuerst hier ist", lächelte die Schildkröte, „nicht, wer am schnellsten rennt. Langsam, aber sicher, habe ich das Rennen gewonnen!" Und langsam, aber sicher, drehte sie sich um, und trat ihren Heimweg an.

Ende

Die Prinzessin auf der Erbse

In einem fernen Königreich lebte einst ein hübscher Prinz. Er hatte liebe Eltern, viele Freunde und ein wunderbares Leben auf seinem Schloss. Doch eine Sache machte ihn traurig: Er hatte keine Frau.

Der Prinz wollte gern eine Prinzessin heiraten. Doch sie sollte schlau und lustig und lieb und nett sein. Keine der Prinzessinnen, die er bisher auf Bällen und Festen getroffen hatte, war die Richtige. Einige waren zu böse, andere zu zickig. Manche waren zu ruhig, manche zu laut.

Und manche waren einfach nur langweilig!

So beschloss der Prinz, die Welt zu bereisen und so die perfekte Prinzessin zu finden. Er traf viele weitere Prinzessinnen, die ihn mit ihrer Schönheit, ihrem Tanz oder ihren Backkünsten beeindrucken wollten – die Richtige war immer noch nicht dabei.

Die Prinzessin auf der Erbse

"Ich werde nie die richtige Prinzessin finden", seufzte er. "Oh, wo ist bloß das Mädchen meiner Träume?"

Monate vergingen ohne einen Fortschritt, und so kehrte der Prinz schließlich zum Schloss zurück.

"Kopf hoch, mein Sohn", sagte der König. "Du bist noch jung. Eines Tages wirst du ein wunderbares Mädchen finden, so wie ich deine Mutter fand." Der König lächelte der Königin zu, aber er wusste auch nicht, wie er den Prinzen wieder glücklich machen könnte.

Die Prinzessin auf der Erbse

Dann, eines Nachts, als König und Königin die Hoffnung, schon aufgegeben hatten, dass ihr Sohn eine Braut finden würde, gab es einen schrecklichen Sturm. Donner grollte, Blitze zuckten, und der Regen prasselte hernieder.

Plötzlich klopfte jemand laut ans hölzerne Schlosstor.

„Wer kann denn das sein, in solch einer stürmischen Nacht?", wunderte sich der Prinz. Als er die Tür öffnete, starrte ihn ein hübsches junges Mädchen an. Sie war von Kopf bis Fuß durchnässt.

„Oh bitte, Eure Hoheit, darf ich einen Moment hereinkommen?", bat sie. „Ich war unterwegs zu Freunden, aber ich habe mich in diesem Sturm verlaufen, und jetzt bin ich ganz nass."

Der Prinz holte das arme Mädchen aus Kälte und Regen hinein.

„Du armes Ding", sagte die Königin. „Du musst über Nacht bleiben. Bei diesem Wetter kannst du nicht weiterreisen."

Der Prinz lächelte das Mädchen an. „Wie heißt du?", fragte er.

Die Prinzessin auf der Erbse

„Ich bin Prinzessin Penelope", antwortete es. „Ihr seid sehr freundlich. Ich will euch nicht zur Last fallen."

Beim Wort „Prinzessin" lächelte die Königin in sich hinein. „Ich frage mich …", dachte sie, aber sagte nichts. Sie nahm die Hand des Mädchens und sagte laut: „Natürlich nicht, meine Liebe. Komm, du musst dich aufwärmen!"

Als die Prinzessin sich warme Kleider angezogen hatte, lud die Königin sie ein, mit der Familie zu Abend zu essen.

Die Prinzessin auf der Erbse

Der Prinz hörte zufrieden zu, als die reizende Prinzessin beim Essen drauflos plauderte. Er konnte nicht aufhören, sie anzuschauen. Sie war schlau und lustig und lieb und nett. Am Ende des Abends war der Prinz verliebt!

Die Königin freute sich, als sie das sah, aber sie wollte ganz sichergehen, dass Prinzessin Penelope auch wirklich eine Prinzessin war. Sie ging ins Gästezimmer des Schlosses und legte eine winzige Erbse unter die Matratze. Dann bat sie die Diener, zwanzig weitere Matratzen auf das Bett zu stapeln. Und dann sollten sie auch noch zwanzig Federbetten obenauf legen!

„Jetzt werden wir sehen, ob du eine echte Prinzessin bist", murmelte die Königin.

Die Königin zeigte der Prinzessin ihr Zimmer und half ihr in das hochgetürmte Bett. „Schlaf gut, meine Liebe", sagte sie.

Am Morgen kam die Prinzessin zum Frühstück herunter und rieb sich die Augen.

„Wie hast du geschlafen, meine Liebe?", fragte sie die Königin.

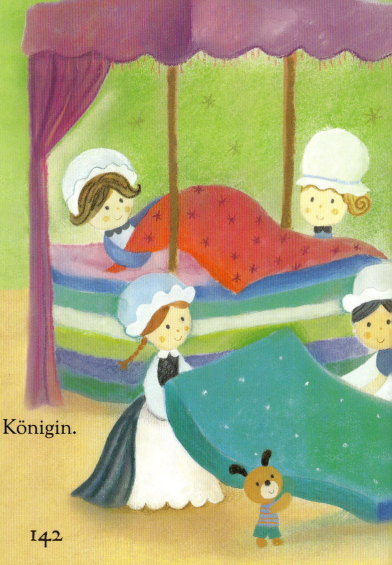

Die Prinzessin auf der Erbse

Die Prinzessin wollte nicht unhöflich sein, aber lügen konnte sie auch nicht.

„Ich habe leider kein Auge zugetan", antwortete sie und unterdrückte ein Gähnen.

„Das tut mir leid, meine Liebe", sagte die Königin. „War das Bett denn nicht bequem?"

„Da waren so viele weiche Matratzen und Decken, dass es eigentlich bequem hätte sein müssen", antwortete die Prinzessin, „aber ich spürte etwas Hartes, Unebenes, und jetzt bin ich überall schwarz und blau!"

Die Königin lächelte und nahm das Mädchen in den Arm.

„Das ist der Beweis!", rief die Königin. „Nur eine echte Prinzessin kann eine winzige Erbse durch zwanzig Matratzen und zwanzig Federbetten hindurch spüren!"

Der Prinz war voller Freude. Endlich hatte er die Prinzessin seiner Träume gefunden!

Nicht lange darauf bat der Prinz Prinzessin Penelope, seine Frau zu werden. Freudig willigte sie ein, und sie heirateten im Schloss.

Der Prinz war nie mehr unglücklich.

Und was die Erbse angeht: Die ist jetzt im königlichen Museum, um zu beweisen, dass es perfekte Prinzessinnen gibt!

Ende

Himmel und Huhn

Eines Tages ging Hühnchen Junior seiner Wege, als eine Eichel von einem Baum fiel und an seinem Kopf abprallte. Die Eichel rollte davon, bevor Hühnchen Junior sah, was ihn getroffen hatte.

„Oh nein!", gackerte er. „Herrje, was soll ich nur tun?"

Hühnchen Junior geriet in Panik. Er rannte im Kreis herum und verlor dabei Federn.

Da kam die Henne Henny Penny des Weges.

„Was ist los?", fragte sie.

„DER HIMMEL FÄLLT RUNTER! DER HIMMEL FÄLLT RUNTER!", rief Hühnchen Junior, immer noch in Panik.

Henny Penny erschrak. Sie wusste nicht, dass so etwas passieren konnte.

„Gack-gack-gack!", kreischte sie. „Das müssen wir sofort dem König erzählen!"

Hühnchen Junior und Henny Penny eilten davon, um dem König Bericht zu erstatten. Sie flatterten gackernd die Straße hinunter. Dabei trafen sie den Hahn Cocky Locky.

„Wohin rennt ihr denn so eilig?", fragte er.

„DER HIMMEL FÄLLT RUNTER! DER HIMMEL FÄLLT RUNTER!", rief Hühnchen Junior.

„Wir sagen's dem König", gackerte Henny Penny.

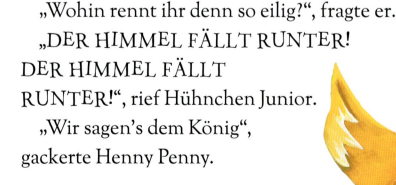

Himmel und Huhn

Cocky Locky japste. Es wäre schrecklich, wenn der Himmel herunterfiele!

„Kikerikii!", krähte Cocky Locky. „Ich komme mit euch!"

Hühnchen Junior, Henny Penny und Cocky Locky eilten davon, um dem König Bericht zu erstatten.

Sie flatterten gackernd und krähend die Straße hinunter. Dabei trafen sie die Ente Susi Schnatter.

„Warum flattert ihr so aufgeregt?", fragte sie.

„DER HIMMEL FÄLLT RUNTER! DER HIMMEL FÄLLT RUNTER!", rief Hühnchen Junior.

„Wir sagen's dem König!", krähte Cocky Locky.

Susi Schnatter runzelte die Stirn. Das hörte sich nicht gut an.

„Das ist sch-sch-sch-schlimm!", quakte sie nervös. „Ich k-k-k-komme mit euch!"

Hühnchen Junior, Henny Penny, Cocky Locky und Susi Schnatter eilten davon, um dem König Bericht zu erstatten. Sie flatterten gackernd und krähend und quakend die Straße hinunter. Dabei trafen sie den Enterich Egon Erpel.

Himmel und Huhn

„Was ist denn los?", fragte er.

„DER HIMMEL FÄLLT RUNTER! DER HIMMEL FÄLLT RUNTER!",
rief Hühnchen Junior.

„Wir sagen's dem König", quakte Susi Schnatter.

Egon Erpel war erschüttert. Vor einem fallenden Himmel hatte er Angst!

„Was soll's", krächzte er. „Ich komme mit euch!"

Hühnchen Junior, Henny Penny, Cocky Locky, Susi Schnatter und Egon Erpel eilten davon, um dem König Bericht zu erstatten.

Sie flatterten gackernd und krähend und quakend und krächzend die Straße hinunter. Dabei trafen sie Gunda Gans.

„Was ist denn mit euch los?", fragte sie.

„DER HIMMEL FÄLLT RUNTER! DER HIMMEL FÄLLT RUNTER!", rief Hühnchen Junior.

„Wir sagen's dem König!", krächzte Egon Erpel.

Himmel und Huhn

Gunda Gans erschauerte. Konnte das wahr sein?

„Wie schrecklich!", schnatterte sie. „Ich komme mit euch."

Hühnchen Junior, Henny Penny, Cocky Locky, Susi Schnatter, Egon Erpel und Gunda Gans eilten davon, um dem König Bericht zu erstatten.

Sie flatterten gackernd und krähend und quakend und krächzend und schnatternd die Straße hinunter. Dabei trafen sie Ute Pute.

„Wo watschelt ihr denn hin?", fragte sie.

„DER HIMMEL FÄLLT RUNTER! DER HIMMEL FÄLLT RUNTER!", rief Hühnchen Junior.

„Wir sagen's dem König", schnatterte Gunda Gans.

Ute Pute zitterte. Das hörte sich wirklich schrecklich an!

„Du meine Güte!", gurrte sie. „Ich komme mit euch!"

Hühnchen Junior, Henny Penny, Cocky Locky, Susi Schnatter, Egon Erpel, Gunda Gans und Ute Pute eilten davon, um dem König Bericht zu erstatten.

Sie flatterten gackernd und krähend und quakend und krächzend und schnatternd und gurrend die Straße hinunter. Dabei trafen sie den Fuchs Foxy Loxy.

Himmel und Huhn

„Na, hallo!", sagte er. „Warum seid ihr denn so aufgeregt?"

„DER HIMMEL FÄLLT RUNTER! DER HIMMEL FÄLLT RUNTER!", rief Hühnchen Junior.

„Wir sagen's dem König!", gurrte Ute Pute.

Foxy Loxy grinste listig. Er hatte noch nie so viele Vögel in solch einem verängstigten Zustand gesehen.

„Na so was", sagte Foxy Loxy beruhigend. „Keine Sorge, ich kenne den schnellsten Weg zum König. Folgt mir."

Hühnchen Junior, Henny Penny, Cocky Locky, Susi Schnatter, Egon Erpel, Gunda Gans und Ute Pute folgten Foxy Loxy einen langen Pfad entlang in einen dunklen Wald hinein.

„Jetzt ist es nicht mehr weit", sagte Foxy Loxy.

Sie flatterten über Zweige und Blätter, bis sie plötzlich ... an Foxy Loxys Fuchsbau waren!

Foxy Loxy und seine Familie leckten sich die Lippen.

„Lauft!", schrie Hühnchen Junior.

Himmel und Huhn

„Fliegt!", schrie Henny Penny.

„Schnell!", schnatterte Gunda Gans.

Und Hühnchen Junior, Henny Penny, Cocky Locky, Susi Schnatter, Egon Erpel, Gunda Gans und Ute Pute rannten so schnell, wie ihre Beine sie trugen.

Sie flatterten gackernd und krähend und quakend und krächzend und schnatternd und gurrend aus dem Wald hinaus und zurück über den langen Pfad.

Und sie erzählten dem König niemals von dem herabfallenden Himmel.

Ende

Der Hirtenjunge und der Wolf

Es war einmal ein Junge namens Peter, der lebte in einem kleinen Dorf in den Bergen mit seinen Eltern, die waren Schafbauern. Es war Peters Aufgabe, die Herde zu hüten und die Schafe vor Wölfen zu beschützen.

Tagein, tagaus saß Peter am Berghang und hütete die Herde. Es war sehr ruhig mit den Schafen um ihn herum. Und nie kam ein Wolf, um die Schafe zu fressen.

Peter wurde es sehr langweilig. Er vertrieb sich die Zeit damit, auf Felsen und Bäume zu klettern oder durch das Gras zu krabbeln und die Schafe, eines nach dem anderen, zu zählen.

„Eins, zwei, drei … vierundsechzig, fünfundsechzig …", zählte Peter. „Oh, ich wünschte, es würde etwas Aufregendes passieren. Mir ist so langweilig! Immer der gleiche Berg, die gleichen Schafe …"

Eines Tages hielt Peter es nicht mehr aus.

„Ich weiß, was ich mache!", grinste er in sich hinein.

So laut er konnte, begann er zu schreien: „Wolf! Hilfe! Wolf!"

Unten im Dorf hörte ein Mann Peters Rufe.

„Schnell!", rief er ein paar anderen Männern zu. „Wir müssen Peter helfen. Ein großer Wolf fällt die Schafe an!"

Die Dorfbewohner nahmen ihre Äxte, Mistgabeln, Schaufeln und Besen und rannten den Berg hinauf zu der Stelle, an der Peter seine Herde hütete. Als sie dort ankamen, keuchend und japsend, war alles ruhig, und die Schafe grasten friedlich.

„Wo ist der Wolf?", rief einer der Dorfbewohner.

Peter brüllte vor Lachen. „Es gibt keinen Wolf. Ich hab nur Spaß gemacht!"

Die Männer waren sehr böse auf Peter. „Du darfst nicht ‚Wolf' rufen, wenn keiner da ist!", sagten sie.

Am Abend wurde Peter von seiner Mutter ausgeschimpft und ohne Essen zu Bett geschickt.

Der Hirtenjunge und der Wolf

Danach schaffte es Peter eine ganze Weile, sich zu benehmen. Er stieg jeden Tag mit den Schafen den Berg hinauf und hütete sie brav. Die Dorfbewohner hatten seinen Streich bald vergessen.

Eines Tages wurde es Peter wieder sehr langweilig. Er war schon auf drei Felsen und drei Bäume geklettert und hatte die Schafe zehnmal gezählt.

„Was kann ich jetzt noch tun? Immer der gleiche Berg, die gleichen Schafe ...", stöhnte er.

Mit einem Seufzer sank er zu Boden. Dort hatte er eine Idee. Er hob ein paar Holzstücke auf und begann, sie gegeneinander zu schlagen. Dann rief er, so laut er konnte: „Wolf! Hilfe! Wolf! Kommt schnell, ein großer Wolf frisst die Schafe!"

Unten im Dorf versammelte sich eine Gruppe von Menschen, als sie das laute Schlagen und Rufen vom Berg hörten.

„Was ist das für ein Lärm?", rief einer.

„Es ist Peter. Er ist in Schwierigkeiten!", rief ein anderer. „Schnell, da ist wohl ein Wolf auf der Jagd!"

Und wieder nahmen die Dorfbewohner ihre Mistgabeln, Schaufeln und Besen. Sie rannten den Berg hinauf, um den Wolf zu verjagen und den armen Peter und seine Schafe zu retten.

Doch als sie ankamen, keuchend und japsend, war wieder alles ruhig, und die Schafe grasten friedlich.

Der Hirtenjunge und der Wolf

„Peter, was ist passiert?", rief ein Mann ärgerlich.

„Es gibt keinen Wolf", lachte Peter. „Ich hab bloß Spaß gemacht."

„Du solltest nicht solche Witze machen", sagte ein anderer Mann. „Es ist nicht gut, zu lügen." Die Dorfbewohner marschierten den Berg wieder hinab zum Dorf.

An diesem Abend wurde Peter noch mehr von seiner Mutter ausgeschimpft und wieder ohne Essen ins Bett geschickt.

Einige Tage lang klagten die Dorfbewohner noch über Peter und seine Streiche.

Doch nach einer Weile war der Vorfall vergessen, und Peter kletterte weiter jeden Tag mit den Schafen den Berg hinauf. Er hatte beschlossen, sich zu benehmen, besonders, weil er nicht noch einmal von seiner Mutter ausgeschimpft werden wollte.

Einige Wochen später, als Peter zum Zeitvertreib wie immer die Schafe zählte, fiel ihm auf, dass einige von ihnen ängstlich blökten. Er kletterte auf einen Baum, um nachzusehen, was ihnen Angst machte.

Zu seinem Entsetzen sah er einen großen, pelzigen Wolf. Das angsteinflößende Tier schlich durchs Gras auf die Herde zu, mit offenem Maul und lang heraushängender Zunge. Peter konnte die scharfen, spitzen Zähne des Wolfs sehen.

Vor Furcht zitternd, begann er zu schreien: „Wolf! Hilfe! Wolf! Kommt schnell, ein großer Wolf will die Schafe fressen!"

Der Hirtenjunge und der Wolf

Einige Leute unten im Dorf hörten seine Hilfeschreie, aber sie wandten sich schnell wieder ihrer Arbeit zu. „Das ist nur wieder ein Streich von Peter", sagten sie zueinander. „Er glaubt wohl, er kann uns schon wieder zum Narren halten!"

Und so kam Peter niemand zur Hilfe.

Als Peter am Abend nicht heimkam, machten sich seine Eltern Sorgen. Peter verpasste nie sein Abendessen! Etwas Schlimmes musste geschehen sein.

Peters Vater rief die Dorfbewohner zusammen, und sie eilten den Berg hinauf, Fackeln tragend.

Ein schrecklicher Anblick bot sich ihnen. Alle Schafe waren weg! Diesmal war wirklich ein Wolf da gewesen.

Peter saß immer noch im Baum, zitternd und weinend.

„Ich habe ‚Wolf' gerufen. Warum seid ihr nicht gekommen?", schluchzte er.

„Wer einmal lügt, dem glaubt man nicht, und wenn er auch die Wahrheit spricht!", sagte Peters Vater und half ihm vom Baum. Peter hielt sich den ganzen Weg an seinem Vater fest. Nie wieder wollte er einen Wolf sehen.

Und Peter hatte seine Lektion gelernt. Er erzählte nie wieder eine Lüge, und er bekam immer sein Abendessen.

Ende

Schneewittchen und die sieben Zwerge

Es war einmal eine Königin, die wünschte sich eine Tochter. Als sie eines Tages nähend am Fenster saß, stach sie sich mit der Nadel in den Finger. Drei Tropfen Blut fielen herab, und sie dachte: „Ich wünschte, ich hätte eine Tochter mit Lippen so rot wie Blut, Haar so schwarz wie das Ebenholz des Fensterrahmens und Haut so weiß wie der Schnee draußen."

Nicht lange darauf gebar sie ein wunderschönes kleines Mädchen mit blutroten Lippen, Haar so schwarz wie Ebenholz und Haut so weiß wie Schnee.

„Ich werde dich Schneewittchen nennen", flüsterte die Königin ihrem Baby zu.

Doch bald darauf starb die Königin, und der König heiratete erneut. Seine neue Frau war sehr schön, aber auch sehr eitel. Sie besaß einen Zauberspiegel. Jeden Tag schaute sie hinein und fragte:

„Spieglein, Spieglein an der Wand, wer ist die Schönste im ganzen Land?"

Schneewittchen und die sieben Zwerge

Und der Spiegel antwortete stets:

„Frau Königin, Ihr seid die Schönste im Land."

Als Schneewittchen mit jedem Tag schöner wurde, war ihre Stiefmutter immer eifersüchtiger. Eines Tages fragte sie wieder ihren Spiegel:

„Spieglein, Spieglein an der Wand, wer ist die Schönste im ganzen Land?"

Und der Spiegel antwortete:

„Frau Königin, Ihr seid die Schönste hier, doch Schneewittchen ist tausendmal schöner als Ihr."

Als die Königin diese Worte hörte, wurde sie wütend. Sie rief nach ihrem Jäger.

„Bringe Schneewittchen in den Wald und töte sie!", befahl sie.

Der Jäger musste seiner Königin gehorchen. Er führte das schöne Mädchen tief in den Wald hinein. Als er sein Messer zog, bekam Schneewittchen große Angst und begann zu weinen.

„Bitte tu mir nichts", flehte sie.

Der Jäger bekam Mitleid und beschloss, sie gehen zu lassen.

„Renne so weit weg, wie du kannst", sagte er zu ihr.

Schneewittchen floh in den Wald.

Als es dunkel wurde, kam Schneewittchen zu einem kleinen

Schneewittchen und die sieben Zwerge

Häuschen. Sie klopfte leise an die Tür, aber niemand öffnete. Sie war so müde und verängstigt, dass sie trotzdem hineinging. Drinnen fand sie einen Tisch, der für sieben gedeckt war, und ein Schlafzimmer mit sieben Bettchen. Schneewittchen legte sich auf das siebte Bett und schlief ein. Als sie erwachte, standen sieben kleine Männlein verwundert um sie herum.

„Wer seid ihr?", fragte sie.

„Wir sind die sieben Zwerge, die hier wohnen", sagte eines der Männlein. „Wir arbeiten den ganzen Tag in der Mine. Und wer bist du?"

„Ich bin Schneewittchen", antwortete sie. Als sie den Zwergen ihre Geschichte erzählte, waren sie entsetzt.

„Du kannst hier bei uns bleiben", sagte der älteste Zwerg.

Und so gingen die Zwerge jeden Tag zur Arbeit, und Schneewittchen blieb im Häuschen, um für sie zu kochen und zu putzen.

Schneewittchen und die sieben Zwerge

„Öffne niemandem die Tür!", warnten sie sie jeden Morgen, besorgt, dass die böse Königin versuchen würde, sie zu finden.

Unterdessen fragte die böse Königin ihren Spiegel:

> „Spieglein, Spieglein an der Wand,
> wer ist die Schönste im ganzen Land?"

Und der Spiegel antwortete:

> „Frau Königin, Ihr seid die Schönste hier,
> Aber Schneewittchen über den Bergen
> bei den sieben Zwergen
> ist noch tausendmal schöner als Ihr."

Die böse Königin war wütend und schwor, Schneewittchen selbst zu töten. Sie vergiftete einen saftigen Apfel, verkleidete sich als Hausiererin und ging in den Wald hinein.

„Wer möchte frische Äpfel kaufen?", rief sie und klopfte an die Tür des Zwergenhauses. Schneewittchen liebte Äpfel, aber sie wusste, dass sie die Tür nicht öffnen durfte. Stattdessen schaute sie ängstlich aus dem Fenster.

„Du brauchst keine Angst zu haben", sagte die verkleidete Königin. Sie legte Schneewittchen den Apfel in die Hand. Schneewittchen zögerte, doch dann nahm sie einen Bissen. Das Gift wirkte in dem Moment, als der Apfel ihre schönen roten Lippen berührte. Das Apfelstück steckte in ihrem Hals fest, und sie fiel zu Boden.

Als die sieben Zwerge an jenem Abend zurückkamen, waren sie untröstlich darüber, dass ihr geliebtes Schneewittchen tot war.

Schneewittchen und die sieben Zwerge

So groß war ihre Trauer, dass sie es nicht ertrugen, sie zu begraben. Die Zwerge machten für Schneewittchen einen Glassarg, den sie in den Wald stellten, wo sie abwechselnd über sie wachten.

Eines Tages ritt ein Prinz vorbei.

„Wer ist dieses schöne Mädchen?", fragte der Prinz.

Die Zwerge erzählten dem Prinzen Schneewittchens traurige Geschichte, und der Prinz weinte.

„Bitte lasst mich sie mitnehmen", bat der Prinz. „Ich verspreche, ich werde gut über sie wachen."

Die Zwerge konnten sehen, wie sehr der Prinz Schneewittchen liebte, und so durfte er sie mitnehmen.

Als die Diener des Prinzen den Sarg hochhoben, glitt er ihnen aus den Händen. Der Stoß löste das Apfelstück aus Schneewittchens Hals – und sie wurde wieder lebendig!

Als Schneewittchen den hübschen Prinzen sah, verliebte sie sich in ihn.

„Willst du mich heiraten?", fragte der Prinz.

Schneewittchen sagte freudig Ja.

Schon bald heirateten die beiden.
Die Zwerge kamen mit in das Schloss des
Prinzen, und so lebten sie alle zusammen
glücklich und zufrieden bis an ihr
Lebensende.

Ende

Hans und die Bohnenranke

Es war einmal ein Junge namens Hans, der lebte mit seiner Mutter in einem Häuschen. Sie waren so arm, dass sie Stück für Stück alles, was sie besaßen, verkaufen mussten, um etwas zu essen zu haben. Eines Tages sagte Hans' Mutter zu ihm:

„Wir müssen Bella, unsere alte Kuh, verkaufen. Bring sie zum Markt, Hans, und denke daran, einen guten Preis zu bekommen."

Also brachte Hans Bella zum Markt. Er hatte gerade den Rand der Stadt erreicht, als ein alter Mann neben der Straße auftauchte.

„Willst du diese schöne Kuh verkaufen?", fragte der Mann.

„Ja", sagte Hans.

„Nun, ich kaufe sie dir ab, und ich gebe dir dafür diese Zauber-

Hans und die Bohnenranke

bohnen", sagte der Mann und hielt ihm eine Handvoll trockene Bohnen hin. „Sie sehen unscheinbar aus, aber wenn du sie vergräbst, werden du und deine Mutter so reich werden, wie ihr es euch kaum vorstellen könnt."

Reich werden hörte sich gut an! Hans wunderte sich nicht einmal, woher der Fremde seine Mutter kannte.

„Wir sind im Geschäft!", sagte er. Er gab Bella dem Mann und nahm die Bohnen.

Als er seiner Mutter die Bohnen zeigte, wurde sie so wütend, dass ihr Gesicht so rot wie eine Rote Bete wurde!

„Du dummer Junge! Geh auf dein Zimmer!", schrie sie und warf die Bohnen aus dem Fenster.

Hans saß auf seinem Bett und war unglücklich. „Blöde Bohnen!", murmelte er. „Blöder Hans!" Dann schlief er ein.

Als Hans am nächsten Morgen erwachte, war es sonderbar dunkel im Zimmer, und alles, was er durchs Fenster erspähen konnte, waren die Blätter einer

riesigen Pflanze – einer so hohen Pflanze, dass er das obere Ende gar nicht sehen konnte.

„Das muss eine verzauberte Bohnenranke sein", rief Hans. „Was ist wohl dort oben?"

Hans begann, an der Ranke emporzuklettern. Von Ast zu Ast, von Blatt zu Blatt kletterte er hinauf. Ganz oben war ein riesengroßes Haus.

Hans knurrte der Magen vor Hunger, und so klopfte er an der riesengroßen Tür. Eine Riesin öffnete.

„Bitte, gnädige Frau, könnte ich etwas Frühstück bekommen?", fragte Hans höflich.

„Du wirst selbst Frühstück sein, wenn mein Mann dich findet!", sagte die Frau des Riesen. Doch Hans bettelte und bat, und schließlich ließ sie ihn hinein und gab ihm etwas Brot und Milch.

Hans und die Bohnenranke

Die Frau des Riesen hatte Hans gerade gezeigt, wo er sich verstecken konnte, als der Riese schlecht gelaunt nach Hause kam.

„Fee, fi, fo, fum, ich rieche Menschenfleisch!", brüllte der Riese.

„Du dummer Mann", sagte seine Frau. „Du riechst die Würstchen, die ich dir zum Frühstück gebraten habe."

Der Riese aß ein riesengroßes Frühstück, und dann begann er, die riesigen Goldmünzen aus seiner Schatztruhe zu zählen. Es waren viele Münzen. „Hundertundeins ... Hundertundzwei ...", zählte er, doch dann sank sein Kopf immer tiefer, und schon war er eingeschlafen.

Schnell wie der Blitz griff sich Hans zwei der großen Goldmünzen und rannte durch die Haustür hinaus. Er sauste zur Bohnenranke und kletterte sie so schnell hinab, wie ihn seine Beine trugen.

Seine Mutter war so froh über das Gold, dass sie Hans zehn Minuten lang umarmte!

„Du schlauer Junge, Hans!", lachte sie. „Wir werden nie wieder arm sein!"

Doch nicht lange, und Hans und seine Mutter hatten das ganze Geld ausgegeben. Da beschloss

Hans und die Bohnenranke

der Junge, wieder an der Bohnenranke emporzuklettern. Wie beim ersten Mal klopfte Hans an die Tür und fragte die Frau des Riesen nach etwas zu essen. Er bettelte und bat, und schließlich ließ sie ihn ein. Sie gab ihm etwas Brot und Milch und versteckte ihn im Schrank, gerade als der Riese heimkam.

Als der Riese ein riesengroßes Mittagessen verzehrt hatte, brachte ihm seine Frau sein Hühnchen. „Lege!", schrie der Riese, und die Henne legte ein goldenes Ei. Zehn Eier legte sie, bevor der Riese zu schnarchen anfing. Hans konnte sein Glück kaum fassen! Schnell wie der Blitz griff er sich die Henne und rannte davon.

Als seine Mutter sah, wie die Henne ein goldenes Ei legte, umarmte sie Hans zwanzig Minuten lang!

Obwohl Hans und seine Mutter nun reicher waren als in ihren wildesten Träumen, konnte Hans nicht anders – er beschloss, noch einmal die Bohnenranke emporzuklettern.

Dieses Mal wusste Hans, dass sich die Frau des Riesen nicht über ihn freuen würde, und so schlich er hinein, als sie nicht hinschaute, und versteckte sich schnell im Schrank. Wie immer kam der Riese heim und aß ein riesengroßes Abendbrot. Dann brachte ihm seine Frau seine Zauberharfe.

„Spiel!", brüllte er, und die Harfe begann zu spielen. Es war so schöne Musik, dass der Riese in Rekordzeit einschlief!

Hans griff sich die Harfe und rannte los, aber die Harfe rief: „Meister! Helft!"

Hans und die Bohnenranke

Der Riese wachte sogleich auf und rannte hinter Hans her. Der Junge rutschte die Bohnenranke so schnell hinunter wie nie zuvor, doch der Riese holte auf!

„Mutter, bring mir die Axt!", schrie Hans, als er unten ankam. Dann hieb er mit aller Kraft auf die Bohnenranke ein. Knarz! Ächz! Der Riese kletterte rasch wieder nach oben, kurz bevor die Bohnenranke zu Boden krachte.

Als seine Mutter die Harfe spielen hörte, umarmte sie Hans eine ganze Stunde lang! Und, wie Du Dir denken kannst: Die beiden lebten glücklich bis an ihr Lebensende.

Ende

Des Kaisers neue Kleider

Es war einmal ein Kaiser, der liebte prächtige Kleider. Er pflegte Tag und Nacht in verschiedenen Kleidern in seinem Schloss herumzustolzieren. In jedem Raum war ein Spiegel, damit er sich beim Vorübergehen bewundern konnte.

Der Kaiser hatte Kleider für den Morgen …

… und andere Kleider für den Nachmittag …

… und spezielle Kleider für den Abend, genäht aus dem allerfeinsten Stoff und mit Fäden aus purem Gold.

Der Kaiser hatte so viele Kleider, dass er oft nicht wusste, was er anziehen sollte!

Eines Tages kamen zwei böse Männer zum Schloss. Sie kannten die Liebe des Kaisers zu seinen Kleidern.

„Eure Hoheit, wir sind Weber", sagten sie. „Wir können etwas, das sonst kein Weber kann: einen magischen Stoff weben. Der ist so besonders, weil ihn nur sehr schlaue Menschen sehen können."

Der Kaiser war beeindruckt. „Ich wünsche, dass ihr mir einen Anzug aus diesem magischen Stoff macht", sagte er.

„Natürlich, Eure Hoheit, es wäre uns eine Ehre!", sagte der erste Weber.

„Herr, dazu brauchen wir sehr viel goldenen Zwirn", sagte der zweite Weber.

Des Kaisers neue Kleider

„Ihr könnt all den Goldzwirn haben, den ihr braucht", antwortete der Kaiser. Er wandte sich an einen Diener. „Bitte bring diese edlen Herren zum königlichen Lagerraum."

Die beiden Männer hatten noch nie so viel Goldzwirn gesehen. Sie lachten und klatschten vor Freude in die Hände, füllten ihre Taschen und verließen das Schloss.

Einige Tage später rief der Kaiser nach einem seiner Minister.

„Geh und finde heraus, wie die Weber vorankommen", sagte er ungeduldig. „Ich brauche etwas Neues zum Anziehen."

Des Kaisers neue Kleider

Der Minister ging zur Weberei. Dort fand er die beiden Weber fleißig bei der Arbeit an einem Webstuhl.

Er rieb sich die Augen, doch er sah gar keinen Stoff im Webstuhl.

„Das ist sonderbar", dachte er. Der Minister wollte aber nicht dumm erscheinen und lächelte den Webern zu.

„Dieser Stoff sieht großartig aus. Wann wird der Anzug des Kaisers fertig sein?", fragte er.

„Bald, bald", antwortete der erste Weber.

„Aber wir brauchen mehr Goldzwirn, um den Anzug fertigzustellen", sagte der zweite Weber.

Der Minister eilte zurück zum Kaiser. Kaum war er gegangen, brüllten die Weber vor Lachen.

„Oh, das ist einmalig! Was für ein dummer Mann!"

Zurück im Schloss verbeugte sich der Minister vor dem Kaiser. Er wollte nicht dumm dastehen, und so sagte er: „Herr, ich habe nie einen schöneren

Des Kaisers neue Kleider

Stoff gesehen. Die Weber brauchen nur noch mehr Goldzwirn, um den Anzug fertigzustellen."

„Na, dann schick noch etwas mehr dorthin", antwortete der Kaiser.

Eine ganze Woche lang taten die Weber so, als schnitten und nähten sie den Zauberstoff zu einem Anzug zusammen. Schließlich gingen sie wieder zum Schloss und taten so, als würden sie stolz den Stoff tragen.

Der Kaiser war sehr aufgeregt und gab den Webern ein Säckchen mit Goldmünzen, um für die Kleider zu bezahlen. Er zog sich aus, und die Weber pusselten an ihm herum, als würden sie den Anzug glatt streichen.

„Er passt Euch hervorragend!", riefen sie.

Der Kaiser schaute in den Spiegel. Er konnte zwar keinen Anzug sehen, aber er wollte nicht dumm dastehen, also sagte er: „Er ist wundervoll!"

Sobald die beiden Männer das Schloss verlassen hatten, brachen sie vor Lachen zusammen. Ihr listiger Plan hatte funktioniert.

Die Nachricht vom neuen Anzug des Kaisers

Des Kaisers neue Kleider

verbreitete sich rasch im Königreich. Alle waren sich sicher, den Zauberstoff sehen zu können.

Der eitle Kaiser machte eine königliche Ankündigung: Er würde einen großen Umzug durch die Stadt führen und dabei den neuen Anzug tragen.

Als der große Tag kam, schickte der Kaiser nach den beiden Webern, die ihm beim Anziehen helfen sollten.

„Ah, Eure Hoheit, Ihr seht wirklich großartig aus!", riefen sie.

„Ja, Herr, wirklich prächtig!", stimmten die Minister zu.

Wie genau er auch schaute – der Kaiser konnte immer noch keine Kleider sehen.

„Ich kann doch nicht dümmer sein als meine Minister", dachte er. „Sie alle können den Anzug sehen." Und so lächelte er die Weber an und dankte ihnen nochmals.

Die Menschen hatten sich auf den Straßen versammelt, um beim Umzug einen Blick auf den Kaiser zu erhaschen. Endlich erschien der Kaiser auf einem schönen weißen Pferd. Ein aufgeregtes Flüstern wogte durch die Menge. Niemand wollte dumm erscheinen, und so rief schließlich eine schüchterne Stimme:

„Des Kaisers neue Kleider sind großartig!"

Plötzlich sprachen und riefen alle gleichzeitig.

„Wie schick!"

„Elegant und modisch!"

Der Kaiser lächelte, wie er da so entlangritt, und war sehr zufrieden mit sich. Da drängten sich ein kleiner Junge und seine Schwester nach vorn. Sie begannen, auf den Kaiser zu zeigen und zu kichern.

172

Des Kaisers neue Kleider

„Seht nur!", riefen sie. „Der Kaiser hat gar nichts an!"

Plötzlich wussten alle, dass das stimmte. Und schon verbreitete sich Gelächter in der Menge.

Der Kaiser wurde puterrot. „Welch ein Narr ich bin!", stöhnte er. „Wie konnte ich nur so eitel und dumm sein?" Er schaute sich nach den beiden Webern um, aber die waren nirgends zu sehen.

Voller Scham kehrte der Kaiser zum Schloss zurück, um sich anzuziehen.

„Ich will nie wieder so eitel mit meinen Kleidern sein", sagte er zu seinem Minister.

Er stand zu seinem Wort – und von da an war er ein viel glücklicherer Kaiser!

Ende

Die kleine Meerjungfrau

Vor langer, langer Zeit lebte unter dem Meer ein Meereskönig mit seinen sechs Meerestöchtern. Alle hatten langes Haar und sangen mit lieblichen Stimmen.

Die Meerjungfrauen liebten ihre Wasserwelt, ebenso mochten sie es, wenn der weise Meereskönig ihnen Geschichten von der Welt außerhalb des Meeres erzählte.

„O Vater, erzähl uns von den Städten und den Bäumen und Blumen!", riefen sie dann.

„Wenn ihr einundzwanzig seid", sagte ihr Vater, „könnt ihr an die Oberfläche schwimmen und euch all diese Wunder selbst ansehen."

Eine nach der anderen bekamen die Schwestern die Chance, nach oben zu schwimmen. Endlich war die jüngste Schwester an der Reihe. Die kleine Meerjungfrau schwamm mit großer Freude durch das kristallklare Wasser zur Oberfläche des Ozeans.

In der Nähe war ein großes Schiff. Sie konnte Menschen an Deck sehen, die gaben an Bord ein Fest für den Prinzen.

Die kleine Meerjungfrau

konnte ihre Augen nicht
von dem hübschen Prinzen lassen.
Als sie näher schwamm, um ihn
besser zu sehen, erhoben sich
große Wellen, und ein
starker Wind kam auf.

„Oh nein!", rief die kleine
Meerjungfrau. „Ein Sturm zieht auf."

Plötzlich wurde das Schiff hin und her geworfen, und der Prinz
stürzte in das aufgewühlte Wasser. Er begann unterzugehen und wäre
fast ertrunken, wenn nicht die kleine Meerjungfrau hinabgetaucht
wäre und ihn gerettet hätte.

Sie schwamm ans Ufer und legte den bewusstlosen Prinzen an den
Strand. Seine Augen öffneten sich für ein paar Sekunden, und er
lächelte, bevor er sie wieder schloss. Als sie fortschwamm, blickte sie
zurück zum Ufer. Eine Menschentraube hatte sich um den Prinzen
gebildet. Sie halfen ihm auf die Füße und führten ihn vom Strand weg.

Die kleine Meerjungfrau tauchte unter den Wellen durch und
schwamm heim.

Die kleine Meerjungfrau wollte den Prinzen gern wiedersehen.
Sie wurde so traurig, dass sie schließlich ihren Schwestern von dem
Prinzen erzählte und dass sie sich in ihn verliebt hatte.

„Ich weiß, wo sein Schloss ist", sagte die älteste Schwester. „Ich zeige
es dir."

Danach schwamm die kleine Meerjungfrau jeden Tag zur Meeresoberfläche. Sie schaute zum Schloss und hoffte, einen Blick auf den Prinzen zu erhaschen.

„Vater, könnte ich zum Menschen werden, wenn ich wollte?", fragte sie den König eines Tages.

„Die einzige Möglichkeit, meine Kleine", sagte er vorsichtig, „ist, wenn ein Mensch sich in dich verliebt."

Die kleine Meerjungfrau konnte den Prinzen einfach nicht vergessen. Sie beschloss, die Meerhexe aufzusuchen.

„Ich kann einen Trunk brauen, der dich menschlich macht", zischte die Hexe. „Aber ich nehme deine schöne Stimme als Bezahlung. Nur wenn du die wahre Liebe des Prinzen gewinnst, bekommst du deine Stimme zurück."

Die kleine Meerjungfrau

Die kleine Meerjungfrau liebte den Prinzen so sehr, dass sie einwilligte. Sie schwamm zum Schloss des Prinzen und nahm den Trunk. Dann fiel sie in einen tiefen Schlaf.

Als sie erwachte, lag sie am Strand, in schönen Kleidern. Wo ihr glitzernder Fischschwanz gewesen war, hatte sie nun zwei helle, menschliche Beine. Die kleine Meerjungfrau versuchte zu stehen, aber ihre neuen Beine wackelten, und sie stolperte im Sand.

Als sie fiel, fingen zwei starke Arme sie auf. Die kleine Meerjungfrau schaute hoch. Es war der Prinz! Sie versuchte zu sprechen, aber ihre Stimme war fort, und sie konnte ihren stattlichen Retter nur anlächeln.

Die stille, schöne und geheimnisvolle Fremde faszinierte den Prinzen.

Sie wuchs ihm ans Herz, und er verbrachte seine Nachmittage mit ihr im Schloss.

Die kleine Meerjungfrau

Eines Tages sagte der Prinz der kleinen Meerjungfrau, dass er eine Prinzessin heiraten würde.

„Mein Eltern möchten das", seufzte er betrübt. „Doch ich liebe ein anderes Mädchen. Ich weiß nicht, wer sie ist, aber sie rettete mich einst aus dem Meer."

Die kleine Meerjungfrau war am Boden zerstört, aber ohne Stimme konnte sie dem Prinzen nicht sagen, dass sie dieses Mädchen war!

Einige Tage vor der Hochzeit bat der Prinz die kleine Meerjungfrau, mit ihm am Strand spazieren zu gehen.

„Wenn ich verheiratet bin, kann ich nicht mehr so viel Zeit mit dir verbringen", sagte er zu ihr.

Die kleine Meerjungfrau nickte traurig. Das hatte sie schon befürchtet.

Als sie über den Sand gingen, blies plötzlich an der Küste ein starker Wind. Eine riesige Welle zerbrach über dem Prinzen und der kleinen Meerjungfrau und zog sie aufs Meer hinaus. Ohne nachzudenken tauchte die kleine Meerjungfrau unter die rauschenden Wellen und packte den Prinzen.

Als der Prinz hustend und spuckend auf dem Sand lag, starrte er die kleine Meerjungfrau an.

„Du bist das Mädchen, das mich schon einmal gerettet hat!", rief er. „Jetzt erinnere ich mich!"

Die kleine Meerjungfrau lächelte und nickte.

„Ich kann die Prinzessin nicht heiraten. Ich liebe dich", seufzte er.

Die kleine Meerjungfrau

„Es ist mir egal, dass du nicht sprechen kannst. Willst du mich heiraten?"

Die kleine Meerjungfrau hatte nie solch eine Freude gefühlt, und als der Prinz sie küsste, passierte etwas Magisches: Sie spürte, wie ihre Stimmer wiederkam! Voller Aufregung rief sie aus: „Ja, ich will dich heiraten!"

Das glückliche Paar heiratete gleich am nächsten Tag. Die Träume der kleinen Meerjungfrau waren wahr geworden, doch sie vergaß nie ihre Familie und dass sie einst eine Meerjungfrau gewesen war.

Ende

Der Zauberlehrling

Ein Junge namens Franz wurde einst der Lehrling eines Zauberers. Der Zauberer lebte auf einer großen Burg hoch über dem Dorf, in dem Franz mit seiner Familie wohnte. Es galt als große Ehre, von solch einem weisen und mächtigen Mann zu lernen.

Franz war ganz versessen darauf, zaubern zu lernen. Doch als er an seinem ersten Tag erschien, bekam er bloß eine lange Liste von Dingen, die er in der Burg tun sollte – putzen, aufräumen und Wasser aus dem Brunnen holen.

Franz war nicht begeistert. „Das ist nicht fair!", murmelte er. „Ich bin doch nicht hierhergekommen, um sein Diener zu sein. Wann werde ich wohl zaubern dürfen?"

Der Zauberer hatte viel zu tun. Jeden Morgen pflegte er seinem Lehrling zu sagen, was getan werden musste. Dann verschwand er stets in seiner Werkstatt in der Burg oder reiste zu einem der umgebenden Dörfer und ließ Franz allein.

Manchmal, als Franz durch die Burg lief und seine Aufgaben erledigte, erhaschte er einen Blick auf den großen Zauberer, wie er durch ein großes ledergebundenes Buch blätterte, das er in einem hölzernen Schrank in seiner Werkstatt unter Verschluss hielt. Die Seiten des Buches waren voller schöner Zeichnungen und magischer Zaubersprüche. Franz wünschte sich, selbst auch einmal das Buch anschauen zu können.

Einige Monate später beschloss Franz, heimlich in das Zauberbuch

180

Der Zauberlehrling

zu schauen, wenn der alte Mann fort war. Er war es leid, immer nur einfache Aufgaben zu übernehmen.

Als der Zauberer an jenem Tag die Burg verlassen wollte, rief er nach Franz.

„Junge, schrubb den Boden des Rittersaales", sagte er. „Du musst dazu mit dem Eimer Wasser aus dem Brunnen holen und es zu dem großen Steinbecken im Saal tragen."

Hinter dem Rücken des Zauberers rollte Franz mit den Augen. „Natürlich, Herr", murmelte er.

„Wenn das Becken voll mit Wasser ist", fuhr der Zauberer fort, „nimm den Besen und wisch gründlich den Boden. Ich will ihn glänzen sehen, wenn ich heute Nachmittag zurückkomme."

Kaum war der Zauberer fort, stieg Franz die kleine Treppe zur Werkstatt empor. Er wusste, wo der Zauberer den Schlüssel für das hölzerne Schränkchen aufbewahrte. Er nahm es und öffnete eilig die

Der Zauberlehrling

alten, knarzenden Türen. Im Inneren, auf einem Bord, lag das Zauberbuch.

Franz trug das schwere Buch zum Rittersaal und setzte sich, um die magischen Seiten anzuschauen. Da gab es Zauberformeln für alle möglichen seltsamen und wunderbaren Dinge.

Als er so blätterte, sah Franz eine Formel, die jedes Ding lebendig machen konnte. Da hatte er eine großartige Idee.

„Was kann ein einzelner kleiner Spruch schon anrichten?", dachte er bei sich.

Grinsend rannte Franz los, um Besen und Eimer zu holen. Er stellte den Besen auf den Boden, setzte sich wieder hin und sprach langsam die Worte der Zauberformel. Er konnte es kaum erwarten, dass der Besen den Rittersaal ganz allein sauber machte!

Zuerst passierte gar nichts. Franz wollte den Spruch noch einmal aufsagen, als dem Besen plötzlich kleine Arme wuchsen und er vom Boden aufsprang.

Der Zauberlehrling

Franz war so überrascht, dass er fast vom Stuhl fiel. Das war unglaublich. Er zauberte!

„Besen!", befahl er. „Trag den Eimer zum Brunnen und bring Wasser, um dieses Becken zu füllen."

Der Besen marschierte zum Brunnen und begann, den Eimer zwischen dem Brunnen und dem Becken im Rittersaal hin und her zu tragen.

Franz traute seinen Augen nicht. Als der kleine Besen immer mehr Wasser brachte, lachte er und rief: „Ich bin der Meister! Und du musst mir gehorchen!"

Nach einer Weile bemerkte Franz, dass das Becken überlief und das Wasser über den ganzen Boden floss.

„Stopp, kleiner Besen!", rief er. Doch der Besen holte weiter Wasser.

Der Zauberlehrling

„Was mache ich nun?", überlegte Franz. Fieberhaft suchte er in den Seiten des Zauberbuches nach einem Spruch, der den Besen aufhalten könnte.

Doch der Besen machte immer weiter. Inzwischen war überall Wasser. Franz nahm eine Axt und hackte den Besen in kleine Stücke.

„So sollte es gehen", sagte er und seufzte erleichtert.

Zu seinem Verdruss begannen die kleinen Besenstücke sich zu bewegen und zu wachsen, und auch ihnen wuchsen Arme und Beine. Schon bald gab es eine ganze Armee neuer Besen. Sie alle marschierten los, um am Brunnen neues Wasser zu holen.

Franz wusste nicht, was er tun sollte! Die Besen schütteten immer neues Wasser in den Rittersaal, und bald reichte es Franz schon bis zu den Knien. Er war machtlos; er konnte die Besen nicht stoppen.

Da kam der Zauberer zurück. Er hob die Arme und sprach mit dröhnender Stimme eine Zauberformel. Sofort verschwanden alle Besen und das Wasser auch. Alles wurde wieder normal.

Zitternd vor Angst fiel Franz auf die Knie. „Bitte vergebt mir, Meister", flehte er. „Ich wollte doch bloß einmal das Zaubern versuchen."

Der Zauberlehrling

Der Zauberer war sehr ärgerlich. „Spiel nie mit Dingen, die du nicht verstehst!", rief er. „Die Zauberei ist sehr mächtig und sollte nur von einem Zauberer ausgeübt werden."

Franz ließ verschämt den Kopf hängen. Jetzt würde er nie mehr die Chance bekommen, die Zauberei zu lernen.

„Ich sollte dich wegschicken, Junge", fuhr der Zauberer fort, aber er konnte sehen, dass es Franz sehr leid tat. Er beschloss, ihm noch eine Chance zu geben.

„Du kannst bleiben", sagte er. „Du musst noch viel lernen."

Franz war sehr erleichtert! „Vielen Dank, Herr!", sagte er. „Ich verspreche, hart zu arbeiten."

„Nun", sagte der Zauberer, „du kannst damit anfangen, diesen Boden zu schrubben – auf die altmodische Art!"

Ende

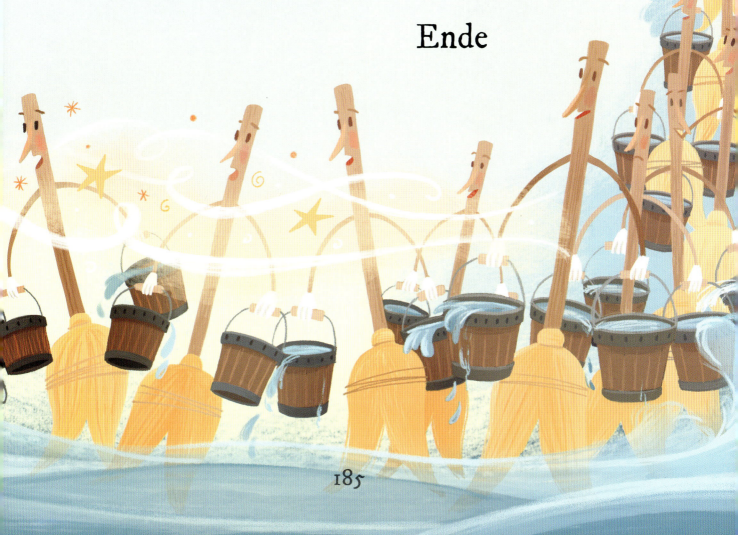

Rotkäppchen

Es war einmal ein nettes, fröhliches kleines Mädchen. Ihre Großmutter hatte ihr einen hübschen roten Umhang mit Kapuze genäht. Den mochte das Mädchen so gern, dass es ihn immer trug. Und so nannte man das Mädchen überall nur noch „Rotkäppchen".

„Rotkäppchen", sagte ihre Mutter eines Morgens, „Großmutter geht es nicht gut. Bring ihr diesen Korb mit Essen, und schau mal, ob du sie aufheitern kannst."

Rotkäppchen besuchte ihre Großmutter immer gern, und so nahm sie den Korb und machte sich gleich auf den Weg.

„Geh direkt zu Großmutters Haus und sprich nicht mit Fremden!", rief ihre Mutter ihr noch nach.

„Mach dir keine Sorgen!", trällerte Rotkäppchen fröhlich und zog los.

Rotkäppchen hopste durch den Wald. Die Sonne schien, in den Bäumen sangen die Vögel, und sie war gut gelaunt.

Dann traf sie einen Wolf.

„Na, hallo", sagte der Wolf mit tiefer, weicher Stimme. „Wohin gehst denn du an solch einem schönen Morgen?"

„Ich besuche meine Großmutter", antwortete Rotkäppchen und vergaß die Warnung ihrer Mutter. „Sie fühlt sich nicht gut, und ich bringe ihr Essen, damit es ihr besser geht."

Der Wolf leckte sich die Lippen.

„Wo wohnt denn deine liebe Großmutter?", fragte der Wolf.

„In einem Häuschen auf der anderen Seite des Waldes", antwortete Rotkäppchen. „Dort wachsen hübsche Rosen rund um die Haustür."

„Ach, tatsächlich?", sagte der Wolf. „Das klingt wirklich reizend!" Im Wald blühten schöne Wildblumen, und Rotkäppchen war stehen geblieben, um sie sich anzuschauen.

„Warum pflückst du nicht ein Sträußchen für deine Großmutter?", schlug der Wolf vor.

Rotkäppchen

Rotkäppchen fand, das sei eine gute Idee, und bückte sich nach den Blumen.

Während sie die schönsten aussuchte, schlenderte der Wolf fort, den Pfad entlang. Sein Magen knurrte laut. Am Ende des Pfades sah er ein Häuschen mit Rosen rund um die Haustür, genau wie Rotkäppchen es beschrieben hatte.

Der böse alte Wolf klopfte an die Tür. „Komm herein, mein Liebling", rief die Großmutter, denn sie dachte, dass es Rotkäppchen sei.

Der Wolf ging ins Haus hinein. Bevor die Großmutter nach Hilfe rufen konnte, öffnete das böse Tier sein großes Maul und verschluckte die Großmutter! Dann stieg er in ihr Bett, zog sich die Decke bis unters Kinn und wartete.

Bald darauf erreichte Rotkäppchen das Haus ihrer Großmutter, mit ihrem Korb und dem Wildblumenstrauß.

„Wie Großmutter sich freuen wird, mich zu sehen!", dachte sie, als sie an die Tür klopfte.

„Komm herein, mein Liebling", antwortete eine merkwürdig krächzende Stimme.

„Arme Großmutter", dachte Rotkäppchen. „Sie hört sich gar nicht gut an!"

Rotkäppchen schaute in die Küche, aber da war die

Rotkäppchen

Großmutter nicht. Sie schaute ins Wohnzimmer, aber da war sie auch nicht. Schließlich ging sie ins Schlafzimmer – und schnappte überrascht nach Luft.

„Großmutter!", rief Rotkäppchen aus. „Warum hast du denn so große Ohren?"

„Damit ich dich besser hören kann, meine Liebe", antwortete eine tiefe, weiche Stimme.

„Und warum hast du so große Augen?", schluckte Rotkäppchen.

„Damit ich dich besser sehen kann", antwortete eine grollende Stimme.

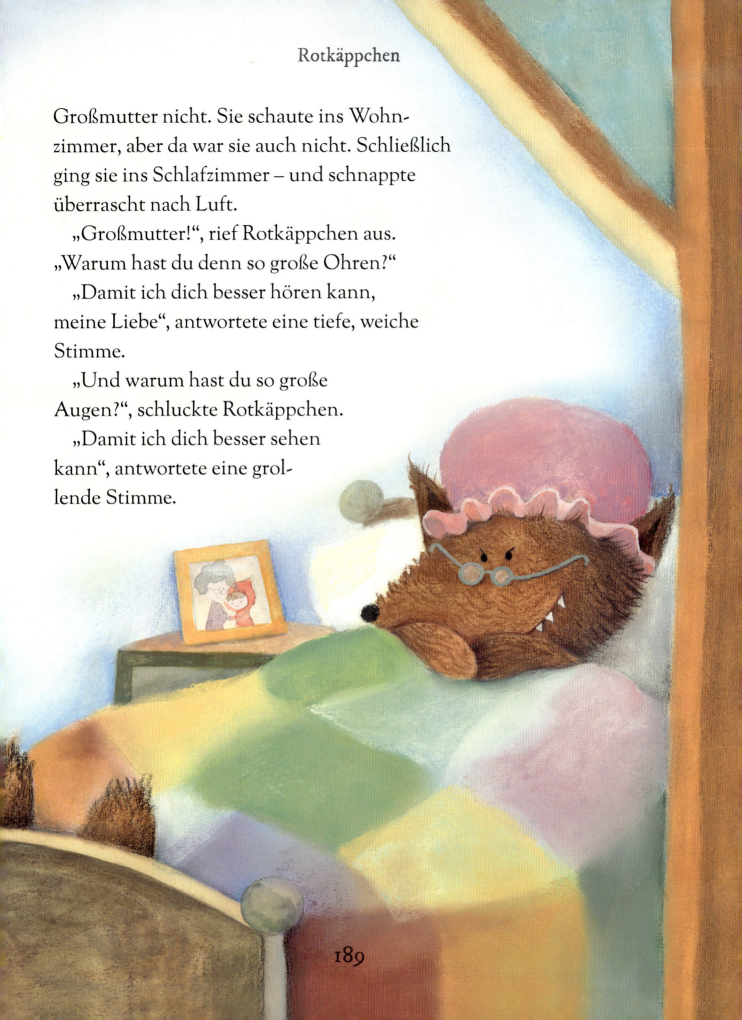

Rotkäppchen

„Und warum hast du so spitze Zähne?", keuchte Rotkäppchen.

„Damit ich dich besser FRESSEN kann!", schnarrte eine laute, hungrige Stimme.

Der böse alte Wolf sprang aus dem Bett und verschlang Rotkäppchen in einem Bissen! Dann legte er sich wieder ins Bett und schlief sogleich ein.

Zum Glück arbeitete in der Nähe ein Holzfäller, der hörte ein lautes, grollendes Schnarchen, das aus dem kleinen Haus drang.

„Das Geräusch gefällt mir gar nicht!", dachte er. Die Axt hoch erhoben, schlich er in das Haus der Großmutter. Auf Zehenspitzen ging er ins Schlafzimmer und fand dort den schlafenden Wolf ... mit seinem vollen Bauch!

„Du böser alter Wolf", rief der Holzfäller. „Was hast du gemacht?"

Er stellte den Wolf auf den Kopf und schüttelte ihn, so fest er konnte. Heraus fiel ein sehr benommenes Rotkäppchen, gefolgt von ihrer armen alten Großmutter.

„Es war so dunkel dort drinnen!", rief das Mädchen. „Danke, dass Sie uns gerettet haben!"

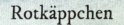

Rotkäppchen

Aber Rotkäppchens Großmutter war WÜTEND! Sie jagte den Wolf aus dem Schlafzimmer, durch das Häuschen und hinein in den Wald. Der Holzfäller und Rotkäppchen rannten hinterher.

Der Wolf kam nie mehr zurück, und Rotkäppchen sprach nie mehr mit Fremden.

Ende